Mediterraneo
Lezzetin Akdeniz Yolculuğu

Lara Aksu

İçindekiler

cebinde levrek

Hazırlama süresi: 10 dakika.

Yemek zamanı: 25 dakika

Porsiyon: 4

Zorluk seviyesi: orta

İçindekiler:

- 4 adet levrek filetosu
- 4 diş sarımsak, dilimlenmiş
- 1 dilimlenmiş kereviz sapı
- 1 dilimlenmiş kabak
- 1 C. ikiye bölünmüş kiraz domates
- 1 arpacık soğanı, dilimlenmiş
- 1 çay kaşığı kurutulmuş kekik
- Tuz biber

Başlıklar:

Sarımsak, kereviz, kabak, domates, yeşil soğan ve kekiği bir kasede karıştırın. Tadına göre tuz ve karabiber ekleyin. 4 parça pişirme kağıdı alın ve bunları çalışma yüzeyine yerleştirin. Sebze karışımını her yaprağın ortasına yerleştirin.

Üzerine balık filetosu koyun ve kağıdı cep gibi görünecek şekilde sıkıca sarın. Sarılı balıkları bir fırın tepsisine yerleştirin ve önceden ısıtılmış 350 F / 176 C fırında 15 dakika pişirin. Balıklar sıcak ve taze olarak servis edilir.

Beslenme (100 gram başına):149 kalori 2,8 gr yağ 5,2 gr karbonhidrat 25,2 gr protein 696 mg sodyum

Kremalı füme somonlu makarna

Hazırlama süresi: 5 dakika.

Yemek zamanı: 35 dakika

Porsiyon: 4

Zorluk seviyesi: orta

İçindekiler:

- 2 yemek kaşığı zeytinyağı
- 2 diş sarımsak, ince doğranmış
- 1 kıyılmış arpacık soğanı
- 115 gram. veya 113 gr kıyılmış füme somon
- 1 C. yeşil bezelye
- 1 C. kalın krema
- Tuz biber
- 1 tutam biber gevreği
- 8 oz. veya 230 gr penne makarna
- 6c. su

Başlıklar:

Tavayı orta-yüksek ateşte yerleştirin ve yağ ekleyin. Sarımsak ve arpacık soğanı ekleyin. 5 dakika veya yumuşayana kadar pişirin. Bezelye, tuz, karabiber ve pul biberi ekleyin. 10 dakika pişirin.

Somonu ekleyin ve 5-7 dakika daha pişirin. Kremayı ekleyin, ısıyı azaltın ve 5 dakika daha pişirin.

Bu arada bir tavayı su ve damak tadınıza göre tuzla yüksek ateşte koyun, kaynayınca penne makarnayı ekleyin ve 8-10 dakika veya yumuşayıncaya kadar pişirin. Makarnayı süzün, somon sosuna ekleyin ve servis yapın.

Beslenme (100 gram başına):393 kalori 20,8 gr yağ 38 gr karbonhidrat 3 gr protein 836 mg sodyum

Yavaş Tencere Yunan Tavuğu

Hazırlama süresi: 20 dakika.

Pişirme süresi: 3 saat.

Porsiyon: 4

Zorluk seviyesi: orta

İçindekiler:

- 1 yemek kaşığı sızma zeytinyağı
- 2 kilo kemiksiz tavuk göğsü
- ½ çay kaşığı koşer tuzu
- ¼ çay kaşığı karabiber
- 1 kavanoz (12 ons) kavrulmuş kırmızı biber
- 1 su bardağı Kalamata zeytini
- 1 orta boy kırmızı soğan, doğranmış
- 3 yemek kaşığı kırmızı şarap sirkesi
- 1 yemek kaşığı kıyılmış sarımsak
- 1 çay kaşığı bal
- 1 çay kaşığı kurutulmuş kekik
- 1 çay kaşığı kurutulmuş kekik
- ½ su bardağı beyaz peynir (isteğe bağlı, servis için)
- Kıyılmış taze otlar - herhangi bir fesleğen, maydanoz veya kekik karışımı (isteğe bağlı, servis için)

Başlıklar:

Yavaş pişiriciyi pişirme spreyi veya zeytinyağıyla kaplayın.
Zeytinyağını geniş bir tavada ısıtın. Tavuk göğsünün her iki tarafını
da baharatlayın. Yağ ısınınca tavuk göğüslerini ekleyip her iki
tarafını da kızartın (yaklaşık 3 dakika).

Pişirdikten sonra yavaş tencereye aktarın. Tavuk göğüslerine
kırmızı dolmalık biber, zeytin ve kırmızı soğanı ekleyin. Sebzeleri
tavuğun üzerine değil çevresine yerleştirmeye çalışın.

Küçük bir kapta sirke, sarımsak, bal, kekik ve kekiği karıştırın. Bir
araya geldikten sonra tavuğun üzerine dökün. Tavuğu 3 saat
boyunca veya orta kısmı artık pembe olmayana kadar pişirin.
Ufalanmış beyaz peynir ve taze otlarla servis yapın.

Beslenme (100 gram başına):399 kalori 17 gr yağ 12 gr
karbonhidrat 50 gr protein 793 mg sodyum

tavuk jiroskopu

Hazırlama süresi: 10 dakika.

Pişirme süresi: 4 saat.

Porsiyon: 4

Zorluk seviyesi: orta

İçindekiler:

- 2 £. kemiksiz tavuk göğsü veya tavuk fileto
- limon suyu
- 3 diş sarımsak
- 2 çay kaşığı kırmızı şarap sirkesi
- 2-3 yemek kaşığı zeytinyağı
- ½ bardak Yunan yoğurdu
- 2 çay kaşığı kurutulmuş kekik
- 2-4 çay kaşığı Yunan baharatı
- ½ küçük kırmızı soğan, ince doğranmış
- 2 yemek kaşığı dereotu
- Cacık Sosu
- 1 bardak doğal Yunan yoğurdu
- 1 yemek kaşığı dereotu
- 1 küçük İngiliz salatalığı, doğranmış
- bir tutam tuz ve karabiber
- 1 çay kaşığı soğan tozu
- Üzeri için:

- Domates

- doğranmış salatalık

- Kıyılmış kırmızı soğan

- Kıyılmış beyaz peynir

- ufalanmış pide ekmeği

Başlıklar:

Tavuk göğsünü küpler halinde kesin ve yavaş tencereye koyun. Yavaş pişiriciye limon suyu, sarımsak, sirke, zeytinyağı, Yunan yoğurdu, kekik, Yunan baharatı, kırmızı soğan ve dereotu ekleyin ve iyice birleştirmek için karıştırın.

Kısık ateşte 5-6 saat, yüksek ateşte 2-3 saat pişirin. Bu arada cacık sosu için tüm malzemeleri ekleyip karıştırın. İyice karıştırdıktan sonra tavuklar yumuşayıncaya kadar buzdolabında bekletin.

Tavuk pişince pide ekmeği ve yukarıda listelenen malzemelerin herhangi biri veya tümü ile servis yapın.

Beslenme (100 gram başına):317 kalori 7,4 gr yağ 36,1 gr karbonhidrat 28,6 gr protein 476 mg sodyum

Yavaş tencerede tavuklu cassoulet

Hazırlama süresi: 10 dakika.

Yemek zamanı: 20 dakika

Porsiyon: 16

Zorluk seviyesi: orta

İçindekiler:

- 1 su bardağı ıslatılmış kuru lacivert fasulye
- 8 derisiz, kemikli tavuk budu
- 1 Polonya sosisi, pişmiş ve doğranmış (isteğe bağlı)
- 1¼ su bardağı domates suyu
- 1 kutu (28 oz.) domates, yarıya bölünmüş
- 1 yemek kaşığı Worcestershire sosu
- 1 çay kaşığı hazır sığır eti veya tavuk suyu granülleri
- ½ çay kaşığı kurutulmuş fesleğen
- ½ çay kaşığı kurutulmuş kekik
- ½ çay kaşığı kırmızı biber
- ½ bardak doğranmış kereviz
- ½ su bardağı doğranmış havuç
- ½ su bardağı doğranmış soğan

Başlıklar:

Yavaş pişiriciyi zeytinyağı veya yapışmaz pişirme spreyi ile
kaplayın. Bir kasede domates suyunu, domatesleri, Worcestershire

sosunu, et suyunu, fesleğen, kekik ve kırmızı biberi karıştırın. Malzemelerin iyice karıştığından emin olun.

Yavaş tencereye tavuk ve sosisleri yerleştirin ve domates suyu karışımını dökün. Üzerine kereviz, havuç ve soğanı yerleştirin. 10-12 saat kısık ateşte pişirin.

Beslenme (100 gram başına):244 kalori 7g yağ 25g karbonhidrat 21g

Yavaş Tencerede Provence Tavuğu

Hazırlama süresi: 5 dakika.

Pişirme süresi: 8 saat.

Porsiyon: 4

Zorluk seviyesi: Kolay

İçindekiler:

- 4 kemiksiz, derisiz tavuk göğsü yarısı (6 ons)
- 2 çay kaşığı kurutulmuş fesleğen
- 1 çay kaşığı kurutulmuş kekik
- 1/8 çay kaşığı tuz
- 1/8 çay kaşığı taze çekilmiş karabiber
- 1 sarı dolmalık biber, doğranmış
- 1 kırmızı biber, doğranmış
- 1 kutu (15,5 oz) cannellini fasulyesi
- 1 kutu (14,5 oz) fesleğen, sarımsak ve kekikli bebek domates, süzülmüş

Başlıklar:

Yavaş pişiriciyi yapışmaz zeytinyağıyla fırçalayın. Tüm malzemeleri yavaş tencereye koyun ve karıştırın. 8 saat kısık ateşte pişirin.

Beslenme (100 gram başına):304 kalori 4,5 gr yağ 27,3 gr karbonhidrat 39,4 gr protein 639 mg sodyum

Yunan usulü hindi kızartma

Hazırlama süresi: 20 dakika.

Yemek zamanı: sabah 7:30

Porsiyon: 8

Zorluk seviyesi: orta

İçindekiler:

- 1 (4 kiloluk) kemiksiz hindi göğsü, dilimlenmiş
- ½ bardak tavuk suyu, bölünmüş
- 2 yemek kaşığı taze limon suyu
- 2 su bardağı doğranmış soğan
- ½ su bardağı çekirdekleri çıkarılmış Kalamata zeytini
- ½ bardak yağda paketlenmiş güneşte kurutulmuş domates, ince dilimlenmiş
- 1 çay kaşığı Yunan baharatı
- ½ çay kaşığı tuz
- ¼ çay kaşığı taze çekilmiş karabiber
- 3 yemek kaşığı çok amaçlı (veya tam buğday) un

Başlıklar:

Yavaş pişiriciyi yapışmaz pişirme spreyi veya zeytinyağıyla kaplayın. Yavaş tencereye hindi, ¼ bardak tavuk suyu, limon suyu, soğan, zeytin, güneşte kurutulmuş domates, Yunan baharatı, tuz ve karabiber ekleyin.

7 saat kısık ateşte pişirin. Unu kalan ¼ bardak tavuk suyuna dökün, ardından yavaş pişiriciye yavaşça karıştırın. 30 dakika daha pişirin.

Beslenme (100 gram başına):341 kalori 19 gr yağ 12 gr karbonhidrat 36,4 gr protein 639 mg sodyum

Sarımsaklı tavuklu kuskus

Hazırlama süresi: 25 dakika.

Pişirme süresi: 7 saat.

Porsiyon: 4

Zorluk seviyesi: orta

İçindekiler:

- 1 bütün tavuk, doğranmış
- 1 yemek kaşığı sızma zeytinyağı
- 6 diş sarımsak, ikiye bölünmüş
- 1 bardak kuru beyaz şarap
- 1 bardak kuskus
- ½ çay kaşığı tuz
- ½ çay kaşığı biber
- 1 orta boy soğan, ince dilimlenmiş
- 2 çay kaşığı kurutulmuş kekik
- 1/3 su bardağı tam buğday unu

Başlıklar:

Zeytinyağını ağır bir tavada ısıtın. Tava ısınınca tavukları ekleyip kavurun. Tavuk parçalarının birbirine değmemesine dikkat edin. Deri tarafı aşağı bakacak şekilde yaklaşık 3 dakika veya altın kahverengi olana kadar pişirin.

Yavaş pişiricinizi yapışmaz pişirme spreyi veya zeytinyağıyla kaplayın. Soğanı, sarımsağı ve kekiği yavaş tencereye koyun ve üzerine tuz ve karabiber serpin. Soğanların üzerine tavukları ekleyin.

Ayrı bir kapta unu şarapla pürüzsüz hale gelinceye kadar karıştırın, ardından tavuğun üzerine dökün. 7 saat veya bitene kadar pişirin. Yüksek ateşte 3 saat pişirebilirsiniz. Tavuğu pişmiş kuskusun üzerine servis edin, ardından üzerine sosu dökün.

Beslenme (100 gram başına):440 kalori 17,5 gr yağ 14 gr karbonhidrat 35,8 gr protein 674 mg sodyum

karahi tavuğu

Hazırlama süresi: 5 dakika.

Pişirme süresi: 5 saat.

Porsiyon: 4

Zorluk seviyesi: Kolay

İçindekiler:

- 2 £. tavuk göğsü veya but
- ¼ bardak zeytinyağı
- 1 küçük kutu domates salçası
- 1 yemek kaşığı tereyağı
- 1 büyük soğan, doğranmış
- ½ fincan doğal Yunan yoğurdu
- ½ bardak su
- 2 yemek kaşığı zencefil sarımsak ezmesi
- 3 yemek kaşığı çemen otu yaprağı
- 1 çay kaşığı öğütülmüş kişniş
- 1 orta boy domates
- 1 çay kaşığı kırmızı biber
- 2 yeşil biber
- 1 çay kaşığı zerdeçal
- 1 yemek kaşığı garam masala
- 1 çay kaşığı kimyon tozu
- 1 çay kaşığı deniz tuzu
- ¼ çay kaşığı hindistan cevizi

Başlıklar:

Yavaş pişiriciyi yapışmaz pişirme spreyi ile kaplayın. Tüm baharatları küçük bir kapta iyice karıştırın. Tavuğu yavaş tencereye atın, ardından baharat karışımı da dahil olmak üzere geri kalan malzemeleri ekleyin. Her şey baharatlarla iyice karışıncaya kadar karıştırın.

4-5 saat kısık ateşte pişirin. Naan veya İtalyan ekmeği ile servis yapın.

Beslenme (100 gram başına):345 kalori 9,9 gr yağ 10 gr karbonhidrat 53,7 gr protein 715 mg sodyum

Orzo'lu Tavuk Cacciatore

Hazırlama süresi: 20 dakika.

Pişirme süresi: 4 saat.

Porsiyon: 6

Zorluk seviyesi: Kolay

İçindekiler:

- 2 kilo derisiyle birlikte tavuk but
- 1 yemek kaşığı zeytinyağı
- 1 bardak mantar, dörde bölünmüş
- 3 havuç, ince doğranmış
- 1 küçük kavanoz Kalamata zeytini
- 2 kutu (14 oz.) doğranmış domates
- 1 küçük kutu domates salçası
- 1 bardak kırmızı şarap
- 5 diş sarımsak
- 1 bardak orzo

Başlıklar:

Zeytinyağını geniş bir tavada ısıtın. Yağ ısınınca tavuğu derisi aşağı bakacak şekilde ekleyin ve kahverengi olana kadar kızartın. Tavuk parçalarının birbirine değmemesine dikkat edin.

Tavuk kızardığında, orzo dışındaki tüm malzemelerle birlikte yavaş pişiriciye ekleyin. Tavuğu 2 saat pişirin, ardından orzoyu ekleyin ve 2 saat daha pişirin. Çıtır çıtır Fransız ekmeği ile servis yapın.

Beslenme (100 gram başına):424 kalori 16 gr yağ 10 gr karbonhidrat 11 gr protein 845 mg sodyum

Yavaş pişirilmiş Provençal Daube

Hazırlama süresi: 15 dakika.

Pişirme süresi: 8 saat.

Porsiyon: 8

Zorluk seviyesi: orta

İçindekiler:

- 1 yemek kaşığı zeytinyağı
- 10 diş kıyılmış sarımsak
- 2 kilo kemiksiz kızartma
- 1½ çay kaşığı tuz, bölünmüş
- ½ çay kaşığı taze çekilmiş karabiber
- 1 bardak kuru kırmızı şarap
- 2 su bardağı doğranmış havuç
- 1½ su bardağı doğranmış soğan
- ½ su bardağı et suyu
- 1 kutu (14 oz.) doğranmış domates
- 1 yemek kaşığı domates püresi
- 1 çay kaşığı doğranmış taze biberiye
- 1 çay kaşığı doğranmış taze kekik
- ½ çay kaşığı portakal kabuğu
- ½ çay kaşığı öğütülmüş tarçın
- ¼ çay kaşığı öğütülmüş karanfil
- 1 defne yaprağı

Başlıklar:

Tavayı önceden ısıtın, ardından zeytinyağını ekleyin. Kıyılmış sarımsak ve soğanı ekleyip soğan yumuşayana ve sarımsaklar kahverengileşmeye başlayana kadar pişirin.

Doğranmış eti ekleyin, tuz ve karabiberle tatlandırın ve etler kızarıncaya kadar kızartın. Eti yavaş tencereye aktarın. Sığır suyunu tavaya karıştırın ve tavayı kahverengileştirmek için yaklaşık 3 dakika kaynatın, ardından yavaş pişiriciye sığır etinin üzerine dökün.

Malzemelerin geri kalanını yavaş pişiriciye ekleyin ve iyice karıştırın. Yavaş pişiriciyi düşük ayara getirin ve 8 saat pişirin veya yüksek ayara getirin ve 4 saat pişirin. Yumurtalı makarna, pilav veya biraz çıtır İtalyan ekmeği ile servis yapın.

Beslenme (100 gram başına):547 kalori 30,5 gr yağ 22 gr karbonhidrat 45,2 gr protein 809 mg sodyum

Ayı Bucco

Hazırlama süresi: 30 dakika.

Pişirme süresi: 8 saat.

Porsiyon: 3

Zorluk seviyesi: orta

İçindekiler:

- 4 dana veya dana budu
- 1 çay kaşığı deniz tuzu
- ½ çay kaşığı öğütülmüş karabiber
- 3 yemek kaşığı tam buğday unu
- 1-2 yemek kaşığı zeytinyağı
- 2 orta boy soğan, doğranmış
- 2 orta boy havuç, doğranmış
- 2 sap kereviz, doğranmış
- 4 diş sarımsak, doğranmış
- 1 kutu (14 oz.) doğranmış domates
- 2 çay kaşığı kurutulmuş kekik yaprağı
- ½ su bardağı et veya sebze suyu

Başlıklar:

Bacakların her iki tarafını da baharatlayın, ardından kaplamak için una batırın. Büyük bir kızartma tavasını yüksek ateşte ısıtın. Zeytinyağını ekleyin. Yağ ısınınca paçaları ekleyip her iki tarafı da eşit şekilde kızartın. Altın kahverengi olduğunda yavaş tencereye aktarın.

Et suyunu tavaya dökün ve karıştırarak 3-5 dakika karıştırarak tavanın kırmızıya dönmesini sağlayın. Diğer malzemeleri yavaş tencereye koyun ve tavadaki suyu üstüne dökün.

Yavaş pişiriciyi düşük seviyeye ayarlayın ve 8 saat pişirin. Osso Bucco kinoa, esmer pirinç ve hatta karnabahar pirincinin üzerinde servis edilir.

Beslenme (100 gram başına):589 kalori 21,3 gr yağ 15 gr karbonhidrat 74,7 gr protein 893 mg sodyum

Yavaş Tencere Sığır Bourguignon

Hazırlama süresi: 5 dakika.

Pişirme süresi: 8 saat.

Porsiyon: 8

Zorluk seviyesi: Zor

İçindekiler:

- 1 yemek kaşığı sızma zeytinyağı
- 6 ons pastırma, iri kıyılmış
- 3 pound yağsız dana eti, 2 inçlik küpler halinde kesilmiş
- 1 büyük havuç, dilimlenmiş
- 1 büyük beyaz soğan, doğranmış
- 6 diş sarımsak, kıyılmış ve bölünmüş
- ½ çay kaşığı kaba tuz
- ½ çay kaşığı taze çekilmiş karabiber
- 2 yemek kaşığı tam tahıl
- 12 küçük soğan
- 3 bardak kırmızı şarap (Merlot, Pinot Noir veya Chianti)
- 2 su bardağı et suyu
- 2 yemek kaşığı domates salçası
- 1 adet küp küp doğranmış et bulyon
- 1 çay kaşığı taze kekik, doğranmış
- 2 yemek kaşığı taze maydanoz
- 2 adet defne yaprağı
- 2 yemek kaşığı tereyağı veya 1 yemek kaşığı zeytinyağı

- 1 kilo taze küçük beyaz veya kahverengi mantar dörde bölünmüş

Başlıklar:

Bir kızartma tavasını orta-yüksek ateşte ısıtın ve zeytinyağını ekleyin. Yağ ısındığında pastırmayı çıtır çıtır olana kadar kızartın, ardından yavaş pişiricinize koyun. Pastırma yağını tavaya koyun.

Eti kurulayın ve pastırma yağıyla aynı tavada her tarafı eşit şekilde kızarana kadar kızartın. Yavaş bir tencereye aktarın.

Soğanı ve havucu yavaş tencereye koyun ve tuz ve karabiberle tatlandırın. Malzemeleri karıştırın ve her şeyin baharatlandığından emin olun.

Kırmızı şarabı tavaya dökün ve tava kırmızıya dönene kadar 4-5 dakika pişirin, ardından unu ekleyin ve pürüzsüz hale gelinceye kadar karıştırın. Sıvı azalıp biraz koyulaşana kadar pişirmeye devam edin.

Sıvı koyulaştığında, yavaş pişiriciye dökün ve her şeyin şarap karışımıyla kaplanması için karıştırın. Domates püresini, et suyunu, kekiği, maydanozu, 4 diş sarımsağı ve defne yaprağını ekleyin. Yavaş pişiriciyi yüksek ayara getirin ve 6 saat pişirin veya düşük ayara getirip 8 saat pişirin.

Tereyağını yumuşatın veya zeytinyağını bir tavada orta ateşte ısıtın. Yağ ısınınca kalan 2 diş sarımsağı ekleyin ve mantarları eklemeden önce yaklaşık 1 dakika pişirin. Mantarları yumuşayana kadar pişirin, ardından yavaş tencereye koyun ve karıştırın.

Patates püresi, pilav veya makarna ile servis yapın.

Beslenme (100 gram başına):672 kalori 32 gr yağ 15 gr karbonhidrat 56 gr protein 693 mg sodyum

Balzamik dana eti

Hazırlama süresi: 5 dakika.

Pişirme süresi: 8 saat.

Porsiyon: 10

Zorluk seviyesi: orta

İçindekiler:

- 2 kilo kemiksiz kızartma
- 1 yemek kaşığı zeytinyağı
- Sürtünme
- 1 çay kaşığı sarımsak tozu
- ½ çay kaşığı soğan tozu
- 1 çay kaşığı deniz tuzu
- ½ çay kaşığı taze çekilmiş karabiber
- DIP
- ½ su bardağı balzamik sirke
- 2 yemek kaşığı bal
- 1 yemek kaşığı hardal ve bal
- 1 su bardağı et suyu
- 1 yemek kaşığı tapyoka, tam buğday unu veya mısır nişastası (gerekirse sosu koyulaştırmak için)

Başlıklar:

Masaj için tüm malzemeleri ekleyin.

Ayrı bir kapta balzamik sirkeyi, balı, ballı hardalı ve et suyunu karıştırın. Kızartmayı zeytinyağıyla fırçalayın, ardından sürülebilir karışımdaki baharatları üzerine sürün. Kızartmayı yavaş tencereye koyun, ardından sosu üstüne dökün. Yavaş pişiriciyi düşük seviyeye ayarlayın ve 8 saat pişirin.

Kızartma sosunu koyulaştırmak istiyorsanız yavaş pişiriciden bir kaseye aktarın. Daha sonra sıvıyağı bir tencereye dökün ve ocakta kaynatın. Unu pürüzsüz hale gelinceye kadar karıştırın ve sos koyulaşana kadar pişirin.

Beslenme (100 gram başına):306 kalori 19 gr yağ 13 gr karbonhidrat 25 gr protein 823 mg sodyum

Dana rosto

Hazırlama süresi: 20 dakika.

Pişirme süresi: 5 saat.

Porsiyon: 8

Zorluk seviyesi: orta

İçindekiler:

- 2 yemek kaşığı zeytinyağı
- Tuz biber
- 3 kilo kemiksiz rosto sığır eti, bağlı
- 4 orta boy havuç, soyulmuş
- 2 yaban havucu, soyulmuş ve yarıya bölünmüş
- 2 beyaz alabaş, soyulmuş ve dörde bölünmüş
- 10 diş soyulmuş sarımsak
- 2 dal taze kekik
- 1 portakal yıkanıp rendelenmiş
- 1 su bardağı tavuk veya et suyu

Başlıklar:

Büyük bir tavayı orta-yüksek ateşte ısıtın. Kızarmış dana etini zeytinyağıyla ovun, ardından tuz ve karabiberle tatlandırın. Tava ısınınca rosto etini ekleyin ve her tarafını kızartın. Bu işlem her bir taraf için yaklaşık 3 dakika sürer, ancak bu işlem meyve suyunun içinde kalmasını sağlar ve etin sulu olmasını sağlar.

Pişirildiğinde yavaş tencereye koyun. Havuçları, yaban havuçlarını, şalgamları ve sarımsakları bir tavaya atın. Yaklaşık 5 dakika kadar karıştırın ve pişirin, ancak tamamen değil, sadece sığır etinden biraz kahverengi parça almak ve renk katmak için.

Sebzeleri yavaş pişiriciye aktarın ve etin etrafına yerleştirin. Kızartmanın üst kısmına kekik ve portakal kabuğunu sürün. Portakalı ikiye bölün ve suyunu etin üzerine sıkın. Tavuk suyunu ekleyin, ardından rostoyu 5 saat pişirin.

Beslenme (100 gram başına):426 kalori 12,8 gr yağ 10 gr karbonhidrat 48,8 gr protein 822 mg sodyum

Pirinç ve Akdeniz sosisi

Hazırlama süresi: 15 dakika.

Pişirme süresi: 8 saat.

Porsiyon: 6

Zorluk seviyesi: orta

İçindekiler:

- 1½ kilo İtalyan sosisi, ufalanmış
- 1 orta boy kırmızı soğan ince doğranmış
- 2 yemek kaşığı biftek sosu
- 2 su bardağı uzun taneli pirinç, pişmemiş
- 1 kutu (14 oz.) meyve suyuyla birlikte doğranmış domates
- ½ bardak su
- 1 orta boy yeşil dolmalık biber, doğranmış

Başlıklar:

Yavaş pişiricinize zeytinyağı veya yapışmaz pişirme spreyi püskürtün. Yavaş tencereye sosis, soğan ve biftek sosunu ekleyin. 8-10 saat kısık ateşte bırakın.

8 saat sonra pirinci, domatesi, suyu ve yeşil biberi ekleyin. İyice karıştırın. 20-25 dakika daha pişirin.

Beslenme (100 gram başına):650 kalori 36 gr yağ 11 gr karbonhidrat 22 gr protein 633 mg sodyum

İspanyol köftesi

Hazırlama süresi: 20 dakika.

Pişirme süresi: 5 saat.

Porsiyon: 6

Zorluk seviyesi: Zor

İçindekiler:

- 1 kilo öğütülmüş hindi
- 1 kilo kıyılmış domuz eti
- 2 yumurta
- 1 kutu (20 oz.) doğranmış domates
- ¾ bardak doğranmış tatlı soğan, bölünmüş
- ¼ bardak artı 1 yemek kaşığı galeta unu
- 3 yemek kaşığı kıyılmış taze maydanoz
- 1½ çay kaşığı kimyon
- 1½ çay kaşığı kırmızı biber (tatlı veya sıcak)

Başlıklar:

Yavaş pişiriciye zeytinyağı püskürtün.

Kıymayı, yumurtayı, soğanın yaklaşık yarısını, galeta ununu ve baharatları bir kapta karıştırın.

Ellerinizi yıkayın ve her şey iyice birleşene kadar karıştırın. Köfteleri sertleştireceği için fazla karıştırmayın. Köfte oluşturuyoruz. Yaptığınız parçaların büyüklüğü elbette köfte sayısını belirleyecektir.

2 yemek kaşığı zeytinyağını bir tavada orta ateşte ısıtın. Sıcakken köfteleri karıştırın ve her tarafını kızartın. Topların birbirine değmediğinden emin olun, böylece eşit şekilde kızarırlar. Hazır olduklarında yavaş tencereye aktarın.

Geri kalan soğanları ve domatesleri tavaya ekleyin ve birkaç dakika pişirin, lezzet için köftelerden kahverengi parçaları kazıyın. Domatesleri yavaş pişiricideki köftelere aktarın ve 5 saat pişirin.

Beslenme (100 gram başına):372 kalori 21,7 gr yağ 15 gr karbonhidrat 28,6 protein 772 mg sodyum

Zeytin ve narenciye soslu karnabahar bifteği

Hazırlama süresi: 15 dakika.

Yemek zamanı: 30 dakika

Porsiyon: 4

Zorluk seviyesi: orta

İçindekiler:

- 1 veya 2 büyük karnabahar
- 1/3 su bardağı sızma zeytinyağı
- ¼ çay kaşığı koşer tuzu
- 1/8 çay kaşığı öğütülmüş karabiber
- 1 portakalın suyu
- 1 portakalın kabuğu
- ¼ bardak siyah zeytin, çekirdekleri çıkarılmış ve doğranmış
- 1 yemek kaşığı Dijon veya taneli hardal
- 1 yemek kaşığı kırmızı şarap sirkesi
- ½ çay kaşığı öğütülmüş kişniş

Başlıklar:

Fırını 400°F'ye önceden ısıtın. Tepsiye pişirme kağıdı veya folyoyu yerleştirin. Karnabaharın sapını dik duracak şekilde kesin. Dikey olarak dört kalın tabakaya kesin. Karnabaharı hazırlanan fırın tepsisine yerleştirin. Zeytinyağı, tuz ve karabiberi gezdirin. Yaklaşık 30 dakika pişirin.

Orta boy bir kapta portakal suyunu, portakal kabuğu rendesini, zeytini, hardalı, sirkeyi ve kişnişi birleştirin; iyice karıştırın. Sosla birlikte servis yapın.

Beslenme (100 gram başına):265 kalori 21 gr yağ 4 gr karbonhidrat 5 gr protein 693 mg sodyum

Antep fıstıklı ve naneli pestolu makarna

Hazırlama süresi: 10 dakika.

Yemek zamanı: 10 dakika

Porsiyon: 4

Zorluk seviyesi: orta

İçindekiler:

- 8 ons tam buğdaylı makarna
- 1 su bardağı taze nane
- ½ bardak taze fesleğen
- 1/3 su bardağı kabuklarında tuzsuz fıstık
- 1 diş soyulmuş sarımsak
- ½ çay kaşığı koşer tuzu
- ½ limon suyu
- 1/3 su bardağı sızma zeytinyağı

Başlıklar:

Makarnayı paketin üzerindeki talimatlara göre pişirin. Yarım bardak makarna suyuyla kaplayıp süzün ve bir kenara koyun. Bir mutfak robotuna nane, fesleğen, antep fıstığı, sarımsak, tuz ve limon suyunu ekleyin. Antep fıstığı ince bir şekilde öğütülene kadar işlem yapın. Zeytinyağını yavaş ve sabit bir akışla ekleyin ve birleşene kadar işleyin.

Büyük bir kapta makarnayı fıstıklı pesto ile karıştırın. Daha ince, daha baharatlı bir doku istiyorsanız biraz makarna suyu ekleyin ve iyice karıştırın.

Beslenme (100 gram başına):420 kalori 3 gr yağ 2 gr karbonhidrat 11 gr protein 593 mg sodyum

Melek saçlı makarna ile kiraz domates sosu

Hazırlama süresi: 10 dakika.

Yemek zamanı: 20 dakika

Porsiyon: 4

Zorluk seviyesi: orta

İçindekiler:

- 8 oz melek kılı makarna
- 2 yemek kaşığı sızma zeytinyağı
- 3 diş sarımsak, ince doğranmış
- 3 litre kiraz domates
- ½ çay kaşığı koşer tuzu
- ¼ çay kaşığı kırmızı biber gevreği
- ¾ bardak taze fesleğen, doğranmış
- 1 yemek kaşığı beyaz balzamik sirke (isteğe bağlı)
- ¼ su bardağı rendelenmiş Parmesan peyniri (isteğe bağlı)

Başlıklar:

Makarnayı paketin üzerindeki talimatlara göre pişirin. Boşaltın ve rezerve edin.

Zeytinyağını bir tavada veya büyük bir tavada orta-yüksek ateşte ısıtın. Sarımsakları ekleyin ve 30 saniye kızartın. Domatesleri, tuzu ve kırmızı pul biberi ekleyip ara sıra karıştırarak domatesler parçalanıncaya kadar yaklaşık 15 dakika pişirin.

Ateşten alıp makarnayı ve fesleğeni ekleyin. İyice karıştırın. (Mevsim dışı domatesler için gerekirse sirke ekleyip iyice karıştırın.) Servis yapın.

Beslenme (100 gram başına):305 kalori 8 gr yağ 3 gr karbonhidrat 11 gr protein 559 mg sodyum

Kurutulmuş domates ve enginar ile kızarmış tofu

Hazırlama süresi: 30 dakika.

Yemek zamanı: 30 dakika

Porsiyon: 4

Zorluk seviyesi: orta

İçindekiler:

- 1 paket (16 ons) ekstra sert tofu, 1 inçlik küpler halinde kesilmiş
- 2 yemek kaşığı sızma zeytinyağı, bölünmüş
- 2 yemek kaşığı limon suyu, bölünmüş
- 1 yemek kaşığı düşük sodyumlu soya sosu
- 1 soğan doğranmış
- ½ çay kaşığı koşer tuzu
- 2 diş sarımsak, ince doğranmış
- 1 kutu (14 oz.) enginar kalbi, süzülmüş
- 8 adet kurutulmuş domates
- ¼ çay kaşığı taze çekilmiş karabiber
- 1 yemek kaşığı beyaz şarap sirkesi
- 1 limon kabuğu rendesi ve
- ¼ bardak doğranmış taze maydanoz

Başlıklar:

Fırını 400°F'ye önceden ısıtın. Folyoyu veya pişirme kağıdını tepsiye yerleştirin. Bir kasede tofu, 1 yemek kaşığı zeytinyağı, 1 yemek kaşığı limon suyu ve soya sosunu karıştırın. 15-30 dakika bekletin ve marine edin. Tofuyu hazırlanan fırın tepsisine tek bir kat halinde yerleştirin ve hafifçe kızarıncaya kadar bir kez çevirerek 20 dakika pişirin.

Geriye kalan 1 yemek kaşığı zeytinyağını geniş bir tavada orta ateşte pişirin veya kızartın. Soğanı ve tuzu ekleyin; yarı saydam olana kadar 5-6 dakika pişirin. Sarımsakları ekleyin ve 30 saniye kızartın. Daha sonra enginar kalbini, güneşte kurutulmuş domatesi ve karabiberi ekleyip 5 dakika kavurun. Beyaz şarap sirkesini ve kalan çorba kaşığı limon suyunu ekleyin, ardından tavayı boşaltın ve kahverengi parçaları kazıyın. Tavayı ocaktan alıp limon kabuğu rendesini ve maydanozu ekleyin. Kızartılmış tofuyu dikkatlice karıştırın.

Beslenme (100 gram başına):230 kalori 14 gr yağ 5 gr karbonhidrat 14 gr protein 593 mg sodyum

Fırında Akdeniz tempeh domates ve sarımsak ile

Hazırlanma zamanı: 25 dakika artı marine etme için 4 saat

Yemek zamanı: 35 dakika

Porsiyon: 4

Zorluk seviyesi: Zor

İçindekiler:

- <u>tempeh için</u>
- 12 ons tempeh
- ¼ bardak beyaz şarap
- 2 yemek kaşığı sızma zeytinyağı
- 2 yemek kaşığı limon suyu
- 1 limon kabuğu rendesi ve
- ¼ çay kaşığı koşer tuzu
- ¼ çay kaşığı taze çekilmiş karabiber
- <u>Domates ve sarımsak sosu için</u>
- 1 yemek kaşığı sızma zeytinyağı
- 1 soğan doğranmış
- 3 diş sarımsak, ince doğranmış
- 1 kutu (14,5 oz.) tuzsuz, ezilmiş domates
- 1 adet dana domates, doğranmış
- 1 kurutulmuş defne yaprağı
- 1 çay kaşığı beyaz şarap sirkesi

* 1 çay kaşığı limon suyu.

* 1 çay kaşığı kurutulmuş kekik

* 1 çay kaşığı kurutulmuş kekik

* ¾ çay kaşığı koşer tuzu

* ¼ bardak fesleğen, şeritler halinde kesilmiş

Başlıklar:

Tempeh yapmak için

Tempeh'i orta boy bir tavaya yerleştirin. Üzerini 1-2 parmak geçecek kadar su ekleyin. Orta-yüksek ateşte kaynatın, kapağını kapatın ve kısık ateşte pişirin. 10-15 dakika pişirin. Tempeh'i çıkarın, kurulayın, soğumaya bırakın ve 1 inçlik küpler halinde kesin.

Beyaz şarap, zeytinyağı, limon suyu, limon kabuğu rendesi, tuz ve karabiberi karıştırın. Tempeh'i ekleyin, kaseyi kapatın ve 4 saat veya gece boyunca buzdolabında saklayın. Fırını 375°F'ye önceden ısıtın. Marine edilmiş tempeyi ve turşuyu bir fırın kabına yerleştirin ve 15 dakika pişirin.

Domates sarımsak sosunu hazırlamak için

Zeytinyağını büyük bir tavada orta ateşte ısıtın. Soğanı ekleyin ve 3-5 dakika içinde yarı saydam olana kadar soteleyin. Sarımsakları ekleyin ve 30 saniye kızartın. Ezilmiş domatesi, dana domatesi, defne yaprağını, sirkeyi, limon suyunu, kekik, kekik ve tuzu ekleyin. İyice karıştırın. 15 dakika kısık ateşte pişirin.

Kızarmış tempeh'i domates karışımına ekleyin ve yavaşça karıştırın. Fesleğen ile süsleyin.

DEĞİŞTİRME İPUCU: Eğer tempehiniz yoksa veya sadece pişirme işlemini hızlandırmak istiyorsanız, tempeh yerine 14,5 onsluk konserve konserve fasulye kullanabilirsiniz. Fasulyeleri durulayın ve ezilmiş domateslerle birlikte sosa ekleyin. Yarı sürede harika bir vegan ana yemek!

Beslenme (100 gram başına):330 kalori 20 gr yağ 4 gr karbonhidrat 18 gr protein 693 mg sodyum

Kavrulmuş portobello mantarı, lahana ve kırmızı soğan ile

Hazırlama süresi: 30 dakika.

Yemek zamanı: 30 dakika

Porsiyon: 4

Zorluk seviyesi: Zor

İçindekiler:

- ¼ bardak beyaz şarap sirkesi
- 3 yemek kaşığı sızma zeytinyağı, bölünmüş
- ½ çay kaşığı bal
- ¾ çay kaşığı koşer tuzu, bölünmüş
- ¼ çay kaşığı taze çekilmiş karabiber
- 4 büyük portobello mantarı, sapları çıkarılmış
- 1 kırmızı soğan, küçültülmüş
- 2 diş sarımsak, ince doğranmış
- 1 demet (8 ons) lahana, sapları alınmş ve doğranmış
- ¼ çay kaşığı kırmızı biber gevreği
- ¼ bardak rendelenmiş Parmesan veya Romano peyniri

Başlıklar:

Tepsiye pişirme kağıdı veya alüminyum folyo yerleştirin. Orta boy bir kapta sirkeyi, 1 ½ yemek kaşığı zeytinyağını, balı, ¼ çay kaşığı tuzu ve karabiberi birlikte çırpın. Mantarları tepsiye dizin ve üzerine marineyi dökün. 15-30 dakika marine olmasına izin verin.

Bu arada fırını 400°F'ye önceden ısıtın. Mantarları yarıya kadar çevirerek 20 dakika pişirin. Kalan 1½ yemek kaşığı zeytinyağını büyük bir tavada ısıtın veya orta-yüksek ateşte soteleyin. Soğanı ve kalan ½ çay kaşığı tuzu ekleyip 5-6 dakika altın rengi kahverengi olana kadar kızartın. Sarımsakları ekleyin ve 30 saniye kızartın. Lahanayı ve kırmızı biber pullarını karıştırın ve lahana tamamen pişene kadar yaklaşık 5 dakika soteleyin.

Mantarları fırından çıkarın ve pişirmek için ısıyı artırın. Tavadaki sıvıyı lahana karışımıyla birlikte tavaya dikkatlice dökün; iyice karıştırın. Mantarı sapı yukarı bakacak şekilde çevirin. Her mantarın üzerine biraz lahana karışımından dökün. Her birinin üzerine 1 yemek kaşığı Parmesan peyniri serpin. Altın kahverengi olana kadar ızgara yapın.

Beslenme (100 gram başına):200 kalori 13g yağ 4g karbonhidrat 8g protein

Balsamik ile marine edilmiş tofu, fesleğen ve kekik ile

Hazırlama süresi: 40 dakika.

Yemek zamanı: 30 dakika

Porsiyon: 4

Zorluk seviyesi: orta

İçindekiler:

- ¼ bardak sızma zeytinyağı
- ¼ bardak balzamik sirke
- 2 yemek kaşığı düşük sodyum soya sosu
- 3 diş sarımsak, rendelenmiş
- 2 çay kaşığı saf akçaağaç şurubu
- 1 limon kabuğu rendesi ve
- 1 çay kaşığı kurutulmuş fesleğen
- 1 çay kaşığı kurutulmuş kekik
- ½ çay kaşığı kurutulmuş kekik
- ½ çay kaşığı kurutulmuş adaçayı
- ¼ çay kaşığı koşer tuzu
- ¼ çay kaşığı taze çekilmiş karabiber
- ¼ çay kaşığı kırmızı biber gevreği (isteğe bağlı)
- 1 blok (16 ons) ekstra sert tofu

Başlıklar:

Galon büyüklüğünde bir kapta veya kilitli torbada zeytinyağı, sirke, soya sosu, sarımsak, akçaağaç şurubu, limon kabuğu rendesi, fesleğen, kekik, kekik, adaçayı, tuz, karabiber ve gerekirse kırmızı biber gevreğini birleştirin. Tofu ekleyin ve yavaşça karıştırın. Buzdolabına koyun ve 30 dakika, hatta gerekirse gece boyunca marine edin.

Fırını 425°F'ye hazırlayın. Tepsiye pişirme kağıdı veya folyoyu yerleştirin. Marine edilmiş tofuyu hazırlanan tavaya tek kat halinde yerleştirin. 20-30 dakika, yarıya kadar çevirerek, hafif çıtır çıtır olana kadar pişirin.

Beslenme (100 gram başına):225 kalori 16 gr yağ 2 gr karbonhidrat 13 gr protein 493 mg sodyum

Ricotta, fesleğen ve antep fıstığı ile doldurulmuş kabak

Hazırlama süresi: 15 dakika.

Yemek zamanı: 25 dakika

Porsiyon: 4

Zorluk seviyesi: orta

İçindekiler:

- 2 orta boy kabak, uzunlamasına ikiye bölünmüş
- 1 yemek kaşığı sızma zeytinyağı
- 1 soğan doğranmış
- 1 çay kaşığı koşer tuzu
- 2 diş sarımsak, ince doğranmış
- ¾ bardak ricotta peyniri
- ¼ bardak tuzsuz antep fıstığı, kabukları soyulmuş ve doğranmış
- ¼ bardak doğranmış taze fesleğen
- 1 büyük yumurta, dövülmüş
- ¼ çay kaşığı taze çekilmiş karabiber

Başlıklar:

Fırını önceden 425° F'ye ısıtın. Bir fırın tepsisine parşömen kağıdı veya alüminyum folyo yerleştirin. Kabakların çekirdeklerini/etli kısımlarını keserek, kenarlarında ¼ inçlik et kısmı bırakın. Hamuru bir kesme tahtası üzerine yerleştirin ve hamuru kesin.

Zeytinyağını bir tavada orta ateşte ısıtın. Soğanı, posayı ve tuzu ekleyip yaklaşık 5 dakika kızartın. Sarımsakları ekleyin ve 30 saniye kızartın. Ricotta peyniri, antep fıstığı, fesleğen, yumurta ve karabiberi karıştırın. Soğan karışımını ekleyin ve iyice karıştırın.

Hazırlanan tavaya 4 kabakların yarısını dizin. Kabakların yarısını ricotta karışımıyla yayın. Altın rengine kadar pişirin.

Beslenme (100 gram başına):200 kalori 12 gr yağ 3 gr karbonhidrat 11 gr protein 836 mg sodyum

Farro kızarmış domates ve mantarlı

Hazırlama süresi: 20 dakika.

Pişirme süresi: 1 saat.

Porsiyon: 4

Zorluk seviyesi: Zor

İçindekiler:

- <u>domatese</u>
- 2 litre kiraz domates
- 1 çay kaşığı sızma zeytinyağı
- ¼ çay kaşığı koşer tuzu
- <u>deniz fenerine</u>
- 3-4 bardak su
- ½ bardak farro
- ¼ çay kaşığı koşer tuzu
- <u>mantara</u>
- 2 yemek kaşığı sızma zeytinyağı
- 1 baş kırmızı soğan
- ½ çay kaşığı koşer tuzu
- ¼ çay kaşığı taze çekilmiş karabiber
- 10 ons bebek mantarı, sapları alınmış ve ince dilimlenmiş
- ½ su bardağı tuz ilavesiz sebze suyu
- 1 kutu (15 oz.) düşük sodyumlu cannellini fasulyesi, süzülmüş ve durulanmış
- 1 su bardağı bebek ıspanak

- 2 yemek kaşığı şeritler halinde kesilmiş taze fesleğen
- ¼ bardak kavrulmuş çam fıstığı
- eski balzamik sirke (isteğe bağlı)

Başlıklar:

Domatesleri hazırlamak için

Fırını 400°F'ye önceden ısıtın. Tepsiye pişirme kağıdı veya folyoyu yerleştirin. Domatesleri, zeytinyağını ve tuzu pişirme kabında karıştırıp 30 dakika pişirin.

bu farro

Suyu, farroyu ve tuzu orta boy bir tencerede veya tencerede yüksek ateşte kaynatın. Kaynatın ve 30 dakika veya farro al dente oluncaya kadar pişirin. Boşaltın ve rezerve edin.

mantarı hazırlamak için

Zeytinyağını geniş bir tavada pişirin veya orta-düşük ateşte kızartın. Soğanı, tuzu ve karabiberi ekleyip altın rengi kahverengi olana ve karamelleşmeye başlayana kadar yaklaşık 15 dakika kızartın. Mantarları ekleyin, ısıyı orta dereceye yükseltin ve sıvı buharlaşıp mantarlar kahverengileşene kadar yaklaşık 10 dakika pişirin. Sebze suyunu ekleyin ve ısıyı en aza indirin, kahverengi parçaları kazıyın ve yaklaşık 5 dakika boyunca sıvıyı azaltın. Fasulyeleri ekleyin ve yaklaşık 3 dakika ısıtın.

Ispanak, fesleğen, çam fıstığı, közlenmiş domates ve farroyu çıkarıp ekleyin. İstenirse balzamik sirke serpin.

Beslenme (100 gram başına):375 kalori 15 gr yağ 10 gr karbonhidrat 14 gr protein 769 mg sodyum

Patlıcan, İsviçre pazı ve mozzarella ile kızarmış orzo

Hazırlama süresi: 20 dakika.

Yemek zamanı: 60 dakika

Porsiyon: 4

Zorluk seviyesi: orta

İçindekiler:

- 2 yemek kaşığı sızma zeytinyağı
- 1 büyük patlıcan (1 pound), doğranmış
- 2 havuç, soyulmuş ve küçük küpler halinde kesilmiş
- 2 sap kereviz, küçük küpler halinde kesilmiş
- 1 kırmızı soğan küçük küpler halinde kesilmiş
- ½ çay kaşığı koşer tuzu
- 3 diş sarımsak, ince doğranmış
- ¼ çay kaşığı taze çekilmiş karabiber
- 1 bardak tam tahıllı orzo
- 1 çay kaşığı tuzsuz domates püresi
- 1½ su bardağı tuzsuz sebze suyu
- 1 bardak İsviçre pazı, sapları alınmış ve doğranmış
- 2 yemek kaşığı doğranmış taze kekik
- 1 limon kabuğu rendesi ve
- 4 ons mozzarella peyniri, küçük küpler halinde kesilmiş
- ¼ su bardağı rendelenmiş parmesan peyniri
- 2 adet yarım santim kalınlığında dilimlenmiş domates

Başlıklar:

Fırını önceden 400°F'ye ısıtın. Zeytinyağını fırına dayanıklı büyük bir tavada orta ateşte ısıtın. Patlıcan, havuç, kereviz, soğan ve tuzu ekleyip 10 dakika kadar soteleyin. Sarımsak ve karabiberi ekleyip yaklaşık 30 saniye pişirin. Orzo ve domates salçasını ekleyip 1 dakika kızartın. Sebze çorbasını karıştırın ve kahverengi parçaları kazıyarak tavadaki ısıyı azaltın. Pazı, kekik ve limon kabuğu rendesini ekleyip pazı sönene kadar karıştırın.

Çıkarın ve üzerine mozarella peynirini koyun. Orzo karışımının üstünü düz olana kadar pürüzsüz hale getirin. Üzerine Parmesan peyniri serpin. Domatesleri Parmesan peynirinin üzerine tek kat halinde yayın. 45 dakika pişirin.

Beslenme (100 gram başına):470 kalori 17 gr yağ 7 gr karbonhidrat 18 gr protein 769 mg sodyum

Domatesli arpa risotto

Hazırlama süresi: 20 dakika.

Yemek zamanı: 45 dakika

Porsiyon: 4

Zorluk seviyesi: orta

İçindekiler:

- 2 yemek kaşığı sızma zeytinyağı
- 2 sap kereviz, doğranmış
- ½ bardak arpacık soğanı, doğranmış
- 4 diş sarımsak, doğranmış
- 3 bardak tuzsuz sebze çorbası
- 1 kutu (14,5 oz.) tuzsuz doğranmış domates
- 1 kutu (14,5 oz.) tuzsuz, ezilmiş domates
- 1 su bardağı inci arpa
- 1 limon kabuğu rendesi ve
- 1 çay kaşığı koşer tuzu
- ½ çay kaşığı füme kırmızı biber
- ¼ çay kaşığı kırmızı biber gevreği
- ¼ çay kaşığı taze çekilmiş karabiber
- 4 dal kekik
- 1 kurutulmuş defne yaprağı
- 2 su bardağı bebek ıspanak
- ½ su bardağı ufalanmış beyaz peynir
- 1 yemek kaşığı kıyılmış taze kekik

- 1 yemek kaşığı kızarmış rezene tohumu (isteğe bağlı)

Başlıklar:

Zeytinyağını büyük bir tavada orta ateşte ısıtın. Kereviz ve arpacık soğanı ekleyip 4-5 dakika kadar soteleyin. Sarımsakları ekleyin ve 30 saniye kızartın. Sebze suyunu, doğranmış domatesi, ezilmiş domatesi, arpa, limon kabuğu rendesini, tuzu, kırmızı biberi, pul biberi, karabiberi, kekiği ve defne yaprağını ekleyip iyice karıştırın. Kaynatın, ardından ısıyı azaltın ve pişirin. Ara sıra karıştırarak 40 dakika pişirin.

Defne yapraklarını ve kekiği çıkarın. Ispanağı ekleyin. Küçük bir kapta beyaz peyniri, kekik ve rezene tohumlarını karıştırın. Arpalı risotto, beyaz peynir karışımıyla kaplı kaselerde servis edilir.

Beslenme (100 gram başına):375 kalori 12 gr yağ 13 gr karbonhidrat 11 gr protein 799 mg sodyum

Baharatlı Pomodoro soslu nohut ve lahana

Hazırlama süresi: 10 dakika.

Yemek zamanı: 35 dakika

Porsiyon: 4

Zorluk seviyesi: Kolay

İçindekiler:

- 2 yemek kaşığı sızma zeytinyağı
- 4 diş sarımsak, dilimlenmiş
- 1 çay kaşığı kırmızı biber gevreği
- 1 kutu (28 oz.) tuzsuz, ezilmiş domates
- 1 çay kaşığı koşer tuzu
- ½ çay kaşığı bal
- 1 demet lahana, sapları çıkarılmış ve doğranmış
- 2 kutu (15 oz) düşük sodyumlu nohut, süzülmüş ve durulanmış
- ¼ bardak doğranmış taze fesleğen
- ¼ bardak rendelenmiş Pecorino Romano peyniri

Başlıklar:

Zeytinyağını bir tavada orta ateşte ısıtın. Sarımsak ve kırmızı biber pullarını ekleyin ve sarımsak hafifçe kızarana kadar yaklaşık 2 dakika soteleyin. Domatesleri, tuzu ve balı ekleyip iyice karıştırın. Isıyı en aza indirin ve 20 dakika pişirin.

Lahanayı ekleyin ve iyice karıştırın. Yaklaşık 5 dakika pişirin. Nohutları ekleyin ve yaklaşık 5 dakika pişirin. Ateşten alıp fesleğeni ekleyin. Pecorino peyniri serperek servis yapın.

Beslenme (100 gram başına):420 kalori 13 gr yağ 12 gr karbonhidrat 20 gr protein 882 mg sodyum

Lahana ve limonlu yoğurtlu fırında beyaz peynir

Hazırlama süresi: 15 dakika.

Yemek zamanı: 20 dakika

Porsiyon: 4

Zorluk seviyesi: orta

İçindekiler:

- 1 yemek kaşığı sızma zeytinyağı
- 1 baş kırmızı soğan
- ¼ çay kaşığı koşer tuzu
- 1 çay kaşığı öğütülmüş zerdeçal
- ½ çay kaşığı öğütülmüş kimyon
- ½ çay kaşığı öğütülmüş kişniş
- ¼ çay kaşığı taze çekilmiş karabiber
- 1 demet lahana, sapları çıkarılmış ve doğranmış
- 7 onsluk blok beyaz peynir, ¼ inç kalınlığında dilimler halinde kesilmiş
- ½ fincan doğal Yunan yoğurdu
- 1 yemek kaşığı limon suyu

Başlıklar:

Fırını önceden 400°F'ye ısıtın. Zeytinyağını büyük bir fırına dayanıklı tavada veya sote tavasında orta ateşte ısıtın. Soğanı ve tuzu ekleyin; hafifçe kızarana kadar yaklaşık 5 dakika soteleyin.

Zerdeçal, kimyon, kişniş ve karabiberi ekleyin; 30 saniye pişirin. Lahanayı ekleyin ve yaklaşık 2 dakika soteleyin. Yarım bardak su ekleyin ve lahanayı yaklaşık 3 dakika pişirmeye devam edin.

Ateşten alın ve beyaz peynir dilimlerini lahana karışımının üzerine yerleştirin. Fırına koyun ve beyaz peynir yumuşayana kadar 10-12 dakika pişirin. Yoğurt ve limon suyunu küçük bir kapta karıştırın. Lahana ve beyaz peyniri limonlu yoğurtla servis edin.

Beslenme (100 gram başına):210 kalori 14 gr yağ 2 gr karbonhidrat 11 gr protein 836 mg sodyum

Domates soslu kızarmış patlıcan ve nohut

Hazırlama süresi: 15 dakika.

Yemek zamanı: 60 dakika

Porsiyon: 4

Zorluk seviyesi: Zor

İçindekiler:

- yemek pişirmek için zeytinyağı spreyi
- 1 büyük patlıcan (yaklaşık 1 pound), ¼ inç kalınlığında dilimler halinde dilimlenmiş
- 1 çay kaşığı koşer tuzu, bölünmüş
- 1 yemek kaşığı sızma zeytinyağı
- 3 diş sarımsak, ince doğranmış
- 1 kutu (28 oz.) tuzsuz, ezilmiş domates
- ½ çay kaşığı bal
- ¼ çay kaşığı taze çekilmiş karabiber
- 2 yemek kaşığı doğranmış taze fesleğen
- 1 kutu (15 ons) tuzsuz veya düşük sodyumlu nohut, süzülmüş ve durulanmış
- ¾ su bardağı ufalanmış beyaz peynir
- 1 yemek kaşığı kıyılmış taze kekik

Başlıklar:

Fırını 425°F'ye önceden ısıtın. İki fırın tepsisini folyo ile yağlayın ve hizalayın ve hafifçe zeytinyağı püskürtün. Patlıcanı tek kat halinde yayın ve ½ çay kaşığı tuz serpin. 20 dakika boyunca, yarı yolda bir kez çevirerek, hafifçe kızarana kadar pişirin.

Bu arada zeytinyağını büyük bir tavada orta ateşte ısıtın. Sarımsakları ekleyin ve 30 saniye kızartın. Ezilmiş domatesleri, balı, kalan ½ çay kaşığı tuzu ve karabiberi ekleyin. Sos hafifçe yumuşayıp koyulaşana kadar yaklaşık 20 dakika pişirin. Fesleğen ekleyin.

Patlıcanı fırından çıkardıktan sonra fırın sıcaklığını 375°F'a düşürün. Nohutları ve 1 su bardağı sosu büyük dikdörtgen veya oval bir pişirme kabına dökün. Patlıcan dilimlerini gerektiği gibi nohutların üzerine gelecek şekilde yerleştirin. Sosun geri kalanını patlıcanların üzerine kaşıkla dökün. Üzerine beyaz peynir ve kekik serpin.

Tepsiyi alüminyum folyoyla sarıp 15 dakika pişirin. Folyoyu çıkarın ve 15 dakika daha pişirin.

Beslenme (100 gram başına):320 kalori 11 gr yağ 12 gr karbonhidrat 14 gr protein 773 mg sodyum

Kızarmış falafel sürgüleri

Hazırlama süresi: 10 dakika.

Yemek zamanı: 30 dakika

Porsiyon: 6

Zorluk seviyesi: orta

İçindekiler:

- yemek pişirmek için zeytinyağı spreyi
- 1 kutu (15 oz) düşük sodyumlu nohut, süzülmüş ve durulanmış
- 1 ince doğranmış soğan
- 2 diş sarımsak, soyulmuş
- 2 yemek kaşığı kıyılmış taze maydanoz
- 2 yemek kaşığı tam buğday unu
- ½ çay kaşığı öğütülmüş kişniş
- ½ çay kaşığı öğütülmüş kimyon
- ½ çay kaşığı kabartma tozu
- ½ çay kaşığı koşer tuzu
- ¼ çay kaşığı taze çekilmiş karabiber

Başlıklar:

Fırını 350°F'ye önceden ısıtın. Fırın tepsisini parşömen kağıdı veya folyo ile kaplayın ve hafifçe zeytinyağı püskürtün.

Nohut, soğan, sarımsak, maydanoz, un, kişniş, kimyon, kabartma tozu, tuz ve karabiberi mutfak robotunda karıştırın. Pürüzsüz olana kadar karıştırın.

Her birine ¼ bardak hamur koyarak 6 kaydırıcı yapın ve hazırlanan fırın tepsisine yerleştirin. 30 dakika pişirin. Katılmak.

Beslenme (100 gram başına):90 kalori 1 gr yağ 3 gr karbonhidrat 4 gr protein 803 mg sodyum

Portobello Caprese

Hazırlama süresi: 15 dakika.

Yemek zamanı: 30 dakika

Porsiyon: 2

Zorluk seviyesi: Zor

İçindekiler:

- 1 yemek kaşığı zeytinyağı
- 1 su bardağı kiraz domates
- Tatmak için tuz ve karabiber
- 4 büyük taze fesleğen yaprağı, ince dilimlenmiş ve bölünmüş
- 3 diş orta boy sarımsak, kıyılmış
- 2 büyük portobello mantarı, sapları çıkarılmış
- 4 adet mini mozarella topu
- 1 yemek kaşığı rendelenmiş parmesan peyniri

Başlıklar:

Fırını önceden 180°C'ye (350°F) ısıtın. Bir fırın tepsisini zeytinyağıyla yağlayın. Yapışmaz bir tavaya 1 yemek kaşığı zeytinyağını gezdirin ve orta-yüksek ateşte ısıtın. Domatesleri tavaya ekleyip tuz ve karabiberle tatlandırın. Pişirme sırasında suyunun çekilmesi için domateslerin üzerine birkaç delik açın. Domatesleri örtün ve 10 dakika veya yumuşayana kadar pişirin.

2 çay kaşığı fesleğen ayırın ve kalan fesleğen ve sarımsağı tavaya ekleyin. Domatesleri bir spatula ile ezin ve yarım dakika kadar

pişirin. Pişirirken sürekli karıştırın. Bir kenara koyarsın, görmezden gelirsin. Mantarları tavaya yerleştirin, üzerini örtün ve üzerine tuz ve karabiber serpin.

Domates karışımını ve mozzarella toplarını mantarların solungaçlarının üzerine dökün, ardından iyice kaplayacak şekilde Parmesan peyniri serpin. Mantarlar çatalla yumuşayana ve peynirler altın rengi kahverengi olana kadar pişirin. Doldurulan mantarları fırından alıp üzerine fesleğen ekleyerek servis yapın.

Beslenme (100 gram başına):285 kalori 21,8 gr yağ 2,1 gr karbonhidrat 14,3 gr protein 823 mg sodyum

Mantar ve peynirle doldurulmuş domates

Hazırlama süresi: 15 dakika.

Yemek zamanı: 20 dakika

Porsiyon: 4

Zorluk seviyesi: orta

İçindekiler:

- 4 adet büyük olgun domates
- 1 yemek kaşığı zeytinyağı
- ½ pound (454 g) beyaz veya cremini mantar, dilimlenmiş
- 1 yemek kaşığı doğranmış taze fesleğen
- ½ bardak sarı soğan, doğranmış
- 1 yemek kaşığı kıyılmış taze kekik
- 2 diş sarımsak, ince doğranmış
- ½ çay kaşığı tuz
- ¼ çay kaşığı taze çekilmiş karabiber
- 1 su bardağı az yağlı mozzarella peyniri, rendelenmiş
- 1 yemek kaşığı rendelenmiş parmesan peyniri

Başlıklar:

Fırını önceden 190°C'ye (375°F) ısıtın. Her domatesin üst kısmından yarım inçlik bir dilim kesin. Hamuru bir kaseye koyun ve içinde ½ inç domates kabuğu bırakın. Domatesleri alüminyum folyoyla kaplı bir fırın tepsisine yerleştirin. Zeytinyağını yapışmaz bir tavada orta ateşte ısıtın.

Tavaya mantar, fesleğen, soğan, kekik, sarımsak, tuz ve karabiberi ekleyip 5 dakika soteleyin.

Karışımı domates salçası kasesine dökün, ardından mozzarella peynirini ekleyip iyice karıştırın. Karışımı her bir domates kabuğuna dökün, ardından üstüne bir kat Parmesan ekleyin. Önceden ısıtılmış fırında 15 dakika, peynir yumuşayana ve domatesler yumuşayana kadar pişirin. Doldurulmuş domatesleri fırından çıkarın ve sıcak olarak servis yapın.

Beslenme (100 gram başına):254 kalori 14,7 gr yağ 5,2 gr karbonhidrat 17,5 gr protein 783 mg sodyum

Gruplandır

Hazırlama süresi: 15 dakika.

Yemek zamanı: 5 dakika

Porsiyon: 6

Zorluk seviyesi: orta

İçindekiler:

- 4 yemek kaşığı zeytinyağı, bölünmüş
- 4 su bardağı pilavlı karnabahar
- 3 diş ince kıyılmış sarımsak
- Tatmak için tuz ve karabiber
- ½ büyük salatalık, soyulmuş, çekirdeği çıkarılmış ve doğranmış
- ½ bardak doğranmış İtalyan maydanozu
- 1 limonun suyu
- 2 yemek kaşığı doğranmış kırmızı soğan
- ½ su bardağı kıyılmış nane yaprağı
- ½ bardak çekirdekleri çıkarılmış Kalamata zeytini, doğranmış
- 1 su bardağı kiraz domates, dörde bölünmüş
- 2 su bardağı roka veya ıspanak yaprağı
- 2 orta boy avokado, soyulmuş, çekirdeği çıkarılmış ve doğranmış

Başlıklar:

2 yemek kaşığı zeytinyağını yapışmaz bir tavada orta-yüksek ateşte ısıtın. Tavaya karnabahar pirinci, sarımsak, tuz ve

karabiberi ekleyip kokusu çıkana kadar 3 dakika soteleyin. Bunları büyük bir kaseye aktarın.

Salatalık, maydanoz, limon suyu, kırmızı soğan, nane, zeytin ve kalan zeytinyağını kaseye ekleyin. İyice birleştirmek için karıştırın. Kaseyi en az 30 dakika buzdolabına koyun.

Kaseyi buzdolabından çıkarın. Kaseye kiraz domatesleri, rokayı ve avokadoyu ekleyin. İyice baharatlayın ve iyice karıştırın. Soğuk servis yapın.

Beslenme (100 gram başına):198 kalori 17,5 gr yağ 6,2 gr karbonhidrat 4,2 gr protein 773 mg sodyum

Baharatlı brokoli ve enginar kalbi

Hazırlama süresi: 5 dakika.

Yemek zamanı: 15 dakika

Porsiyon: 4

Zorluk seviyesi: orta

İçindekiler:

- 3 yemek kaşığı zeytinyağı, bölünmüş
- 2 pound (907 g) taze brokoli rabe
- 3 diş ince kıyılmış sarımsak
- 1 çay kaşığı kırmızı biber gevreği
- 1 çay kaşığı tuz, artı damak tadınıza göre daha fazlası
- 13,5 ons (383 g) enginar kalbi
- 1 yemek kaşığı su
- 2 yemek kaşığı kırmızı şarap sirkesi
- tatmak için taze çekilmiş karabiber

Başlıklar:

2 yemek kaşığı zeytinyağını yapışmaz bir tavada orta-yüksek ateşte ısıtın. Tavaya brokoliyi, sarımsağı, pul biberi ve tuzu ekleyip 5 dakika veya brokoli yumuşayana kadar soteleyin.

Enginar kalplerini tavaya ekleyin ve 2 dakika daha veya yumuşayana kadar pişirin. Tavaya su ekleyin ve ısıyı en aza indirin. Kapağını kapatıp kısık ateşte 5 dakika pişirin. Bu arada sirkeyi ve 1 yemek kaşığı zeytinyağını bir kasede karıştırın.

Yavaş pişirilen brokoli ve enginarların üzerine yağlı sirke gezdirip tuz ve karabiber serpin. Servis yapmadan önce iyice karıştırın.

Beslenme (100 gram başına):272 kalori 21,5 gr yağ 9,8 gr karbonhidrat 11,2 gr protein 736 mg sodyum

Şakşuka

Hazırlama süresi: 10 dakika.

Yemek zamanı: 25 dakika

Porsiyon: 4

Zorluk seviyesi: Zor

İçindekiler:

- 5 yemek kaşığı zeytinyağı, bölünmüş
- 1 kırmızı dolmalık biber, doğranmış
- ½ küçük sarı soğan, ince doğranmış
- 14 ons (397 g) ezilmiş domates, suyuyla birlikte
- 6 oz (170 g) dondurulmuş ıspanak, çözülmüş ve fazla sıvısı süzülmüş
- 1 çay kaşığı füme kırmızı biber
- 2 diş sarımsak ince doğranmış
- 2 çay kaşığı kırmızı biber gevreği
- 1 yemek kaşığı kapari, doğranmış
- 1 yemek kaşığı su
- 6 büyük yumurta
- ¼ çay kaşığı taze çekilmiş karabiber
- ¾ bardak beyaz peynir veya keçi peyniri, ufalanmış
- ¼ bardak taze düz maydanoz veya kişniş, doğranmış

Başlıklar:

Fırını 150 C'ye hazırlayın. 2 yemek kaşığı zeytinyağını tavada orta-yüksek ateşte ısıtın. Biber ve soğanı bir tavada, soğan yarı saydam oluncaya ve biber yumuşayana kadar soteleyin.

Tavaya domates ve meyve sularını, ıspanağı, dolmalık biberi, sarımsağı, pul biberi, kapariyi, suyu ve 2 yemek kaşığı zeytinyağını ekleyin. İyice karıştırın ve kaynatın. Isıyı en aza indirin, ardından örtün ve 5 dakika pişirin.

Yumurtaları sosla çırpın, her yumurtanın arasında biraz boşluk bırakın, yumurtayı olduğu gibi bırakın ve üzerine taze çekilmiş karabiber serpin. Yumurtalar bitene kadar pişirin.

Peyniri yumurta ve sosla yağlayın ve önceden ısıtılmış fırında 5 dakika, peynir kabarcıklanıp altın rengi kahverengi olana kadar pişirin. Sıcak servis yapmadan önce üzerine kalan 1 yemek kaşığı zeytinyağını gezdirin ve üzerine maydanoz serpin.

Beslenme (100 gram başına):335 kalori 26,5 gr yağ 5 gr karbonhidrat 16,8 gr protein 736 mg sodyum

spanakopita

Hazırlama süresi: 15 dakika.

Yemek zamanı: 50 dakika

Porsiyon: 6

Zorluk seviyesi: Zor

İçindekiler:

- 6 yemek kaşığı zeytinyağı, bölünmüş
- 1 küçük sarı soğan, doğranmış
- 4 su bardağı dondurulmuş doğranmış ıspanak
- 4 diş sarımsak, doğranmış
- ½ çay kaşığı tuz
- ½ çay kaşığı taze çekilmiş karabiber
- 4 büyük yumurta, dövülmüş
- 1 su bardağı ricotta peyniri
- ¾ bardak beyaz peynir, ufalanmış
- ¼ bardak çam fıstığı

Başlıklar:

Fırın tepsisini 2 yemek kaşığı zeytinyağıyla yağlayın. Fırını 375 derece F'ye ayarlayın. 2 yemek kaşığı zeytinyağını yapışmaz bir tavada orta-yüksek ateşte ısıtın. Soğanı bir tavaya atın ve 6 dakika veya yarı saydam ve yumuşak oluncaya kadar soteleyin.

Tavaya ıspanak, sarımsak, tuz ve karabiberi ekleyip 5 dakika daha soteleyin. Bunları bir kaseye koyun ve bir kenara koyun. Çırpılmış yumurtayı ve ricotta peynirini ayrı bir kapta karıştırın, ardından ıspanaklı karışımın bulunduğu kaseye dökün. İyice karıştırın.

Karışımı tavaya dökün ve karışımın tabanını eşit şekilde kaplaması için tavayı eğin. Sertleşmeye başlayana kadar pişirin. Fırın tepsisini fırından çıkarın ve üzerine beyaz peynir ve çam fıstıklarını yayın, ardından kalan 2 yemek kaşığı zeytinyağını üzerine gezdirin.

Tavayı tekrar fırına verin ve 15 dakika daha veya üstü altın rengi kahverengi olana kadar pişirin. Tavayı fırından çıkarın. Spanakopita'yı birkaç dakika soğumaya bırakın ve servis yapmadan önce dilimleyin.

Beslenme (100 gram başına):340 kalori 27,3 gr yağ 10,1 gr karbonhidrat 18,2 gr protein 781 mg sodyum

tagin

Hazırlama süresi: 20 dakika.

Yemek zamanı: 60 dakika

Porsiyon: 6

Zorluk seviyesi: orta

İçindekiler:

- ½ su bardağı zeytinyağı
- 6 kereviz sapı, ¼ inçlik hilal şeklinde kesilmiş
- 2 orta boy sarı soğan, dilimlenmiş
- 1 çay kaşığı öğütülmüş kimyon
- ½ çay kaşığı öğütülmüş tarçın
- 1 çay kaşığı zencefil tozu
- 6 diş kıyılmış sarımsak
- ½ çay kaşığı kırmızı biber
- 1 çay kaşığı tuz
- ¼ çay kaşığı taze çekilmiş karabiber
- 2 bardak düşük sodyumlu sebze suyu
- 2 orta boy kabak, yarım santim kalınlığında kesilmiş
- 2 su bardağı karnabahar, çiçeklere bölünmüş
- 1 orta boy patlıcan, 1 inç küpler halinde kesilmiş
- 1 su bardağı yeşil zeytin, ikiye bölünmüş ve çekirdekleri çıkarılmış
- 13,5 ons (383 g) enginar kalbi, suyu alınmış ve dörde bölünmüş
- ½ bardak garnitür için doğranmış taze kişniş yaprağı

- ½ bardak doğal Yunan yoğurdu (dekorasyon için)

- Garnitür için ½ bardak doğranmış taze düz maydanoz

Başlıklar:

Zeytinyağını bir tavada orta ateşte ısıtın. Kereviz ve soğanı tencereye ekleyip 6 dakika soteleyin. Kimyonu, tarçını, zencefili, sarımsağı, kırmızı biberi, tuzu ve karabiberi tencereye ekleyip kokusu çıkana kadar 2 dakika daha pişirin.

Sebze suyunu tencereye dökün ve kaynatın. Isıyı en aza indirin ve kabak, karnabahar ve patlıcanı tezgahın üzerine yerleştirin. Kapağını kapatıp 30 dakika veya sebzeler yumuşayana kadar pişirin. Daha sonra zeytinleri ve enginar kalplerini havuza ekleyip 15 dakika daha pişirin. Bunları büyük bir kaseye veya tagine dökün ve üstüne kişniş, Yunan yoğurdu ve maydanozla servis yapın.

Beslenme (100 gram başına):312 kalori 21,2 gr yağ 9,2 gr karbonhidrat 6,1 gr protein 813 mg sodyum

Narenciye fıstık ve kuşkonmaz

Hazırlama süresi: 10 dakika.

Yemek zamanı: 10 dakika

Porsiyon: 4

Zorluk seviyesi: Zor

İçindekiler:

- 2 clementine veya 1 portakalın kabuğu ve suyu
- 1 limonun kabuğu rendesi ve suyu
- 1 yemek kaşığı kırmızı şarap sirkesi
- 3 yemek kaşığı sızma zeytinyağı, bölünmüş
- 1 çay kaşığı tuz, bölünmüş
- ¼ çay kaşığı taze çekilmiş karabiber
- ½ su bardağı kabuklu fıstık
- 1 pound (454 g) taze kuşkonmaz, doğranmış
- 1 yemek kaşığı su

Başlıklar:

Klementin ve limon kabuğu rendesi ve suyunu, sirkeyi, 2 yemek kaşığı zeytinyağını, ½ çay kaşığı tuzu ve karabiberi karıştırın. İyice karıştırın. Bir kenara koyarsın, görmezden gelirsin.

Antep fıstıklarını yapışmaz bir tavada orta-yüksek ateşte 2 dakika veya altın rengi kahverengi olana kadar kızartın. Kavrulmuş antep fıstıklarını temiz bir çalışma yüzeyine aktarın ve büyük küpler halinde kesin. Antep fıstıklarını narenciye karışımıyla karıştırın. Bir kenara koyarsın, görmezden gelirsin.

Kalan zeytinyağını yapışmaz bir tavada orta-yüksek ateşte ısıtın. Kuşkonmazı tavaya ekleyin ve 2 dakika kızartın, ardından kalan tuzu ekleyin. Suyu tavaya ekleyin. Isıyı en aza indirin ve örtün. Kuşkonmaz yumuşayana kadar 4 dakika pişirin.

Kuşkonmazı tavadan geniş bir tabağa çıkarın. Narenciye ve fıstık karışımını kuşkonmazın üzerine dökün. Servis yapmadan önce iyice kaplayın.

Beslenme (100 gram başına):211 kalori 17,5 gr yağ 3,8 gr karbonhidrat 5,9 gr protein 901 mg sodyum

Domates ve maydanozla doldurulmuş patlıcan

Hazırlama süresi: 15 dakika.

Yemek zamanı: 2 saat 10 dakika

Porsiyon: 6

Zorluk seviyesi: orta

İçindekiler:

- ¼ bardak sızma zeytinyağı
- 3 küçük patlıcan, uzunlamasına ikiye kesilmiş
- 1 çay kaşığı deniz tuzu
- ½ çay kaşığı taze çekilmiş karabiber
- 1 büyük sarı soğan, ince doğranmış
- 4 diş sarımsak, doğranmış
- 15 ons (425 g) doğranmış domates, suyuyla birlikte
- ¼ bardak taze düz maydanoz, ince doğranmış

Başlıklar:

Ek parçayı 2 yemek kaşığı zeytinyağıyla birlikte yavaş tencereye yerleştirin. Patlıcan yarımlarının kesilmiş tarafında, her yarık arasında ¼ inç boşluk bırakarak birkaç yarık kesin. Patlıcan yarımlarını deri tarafı aşağı bakacak şekilde yavaş tencereye yerleştirin. Tuz ve karabiber serpin.

Kalan zeytinyağını yapışmaz bir tavada orta-yüksek ateşte ısıtın. Soğanı ve sarımsağı tavaya ekleyin ve 3 dakika veya soğan yarı saydam oluncaya kadar pişirin.

Maydanoz ve domatesleri suyuyla birlikte tavaya ekleyip üzerine tuz ve karabiber serpin. 5 dakika daha veya yumuşayana kadar pişirin. Karışımı patlıcan yarımlarının üzerine bölüştürün ve kaşıkla tavaya dökün.

Yavaş pişiricinin kapağını kapatın ve patlıcan yumuşayana kadar 2 saat YÜKSEK ayarda pişirin. Patlıcanı bir tabağa aktarın ve servis yapmadan önce birkaç dakika soğumasını bekleyin.

Beslenme (100 gram başına):455 kalori 13 gr yağ 14 gr karbonhidrat 14 gr protein 719 mg sodyum

Ratatouille

Hazırlama süresi: 15 dakika.

Pişirme süresi: 7 saat.

Porsiyon: 6

Zorluk seviyesi: orta

İçindekiler:

- 3 yemek kaşığı sızma zeytinyağı
- 1 büyük patlıcan, soyulmamış ve dilimlenmiş
- 2 büyük soğan, dilimlenmiş
- 4 küçük kabak, dilimlenmiş
- 2 adet yeşil biber
- Yarım inç dilimler halinde kesilmiş 6 büyük domates
- 2 yemek kaşığı taze düz maydanoz, ince doğranmış
- 1 çay kaşığı kurutulmuş fesleğen
- 2 diş sarımsak, ince doğranmış
- 2 çay kaşığı deniz tuzu
- ¼ çay kaşığı taze çekilmiş karabiber

Başlık:

Yavaş pişiricinin parçasını 2 yemek kaşığı zeytinyağıyla doldurun. Dilimlenmiş, doğranmış ve dilimlenmiş sebzeleri dönüşümlü olarak yavaş pişiricinin tepsisine yerleştirin. Sebzeleri maydanozla yayın ve fesleğen, sarımsak, tuz ve karabiberle tatlandırın. Kalan zeytinyağını gezdirin. Kapağını kapatıp sebzeler yumuşayana kadar 7 saat DÜŞÜK sıcaklıkta pişirin. Sebzeleri tabağa alıp sıcak olarak servis yapın.

Beslenme (100 gram başına):265 kalori 1,7 gr yağ 13,7 gr karbonhidrat 8,3 gr protein 800 mg sodyum

gemist

Hazırlama süresi: 15 dakika.

Pişirme süresi: 4 saat.

Porsiyon: 4

Zorluk seviyesi: orta

İçindekiler:

- 2 yemek kaşığı sızma zeytinyağı
- 4 adet büyük biber (istediğiniz renkte)
- ½ bardak çiğ kuskus
- 1 çay kaşığı kekik
- 1 diş kıyılmış sarımsak
- 1 su bardağı ufalanmış beyaz peynir
- 1 kutu (15 oz/425 g) cannellini fasulyesi, durulanmış ve suyu süzülmüş
- Tatmak için biber ve tuz
- 1 limon dilimi
- 4 yeşil soğan, beyaz ve yeşil kısımları ayrılmış, ince dilimlenmiş

Başlık:

Dolmalık biberin üst kısmından sapın altından ½ inçlik bir dilim kesin. Yalnızca sap kısmını atın, üst kısmını sapın altından dilimleyin ve bir kaseye koyun. Dolmalık biberi kaşıkla çıkarın. Yavaş pişiriciyi yağla yağlayın.

Yeşil soğanın yeşil kısmı ve limon dilimleri hariç diğer malzemeleri doğranmış dolmalık biberin üzerine ekleyin. İyice karıştırın. Karışımı içi boşaltılmış biberin içine dökün ve dolma biberleri yavaş tencereye koyun, ardından üzerine biraz daha zeytinyağı gezdirin.

Yavaş pişiricinin kapağını kapatın ve YÜKSEK ayarda 4 saat veya biberler yumuşayana kadar pişirin.

Biberleri yavaş pişiriciden çıkarın ve bir tabağa servis yapın. Servis yapmadan önce yeşil soğanın yeşil kısımlarını serpin ve üzerine limon halkalarını sıkın.

Beslenme (100 gram başına):246 kalori 9 gr yağ 6,5 gr karbonhidrat 11,1 gr protein 698 mg sodyum

Doldurulmuş Lahana Ruloları

Hazırlama süresi: 15 dakika.

Pişirme süresi: 2 saat.

Porsiyon: 4

Zorluk seviyesi: Zor

İçindekiler:

- 4 yemek kaşığı zeytinyağı, bölünmüş
- 1 büyük yeşil lahana, çekirdeği çıkarılmış
- 1 büyük sarı soğan, ince doğranmış
- 3 ons (85 g) beyaz peynir, ufalanmış
- ½ su bardağı kurutulmuş kuş üzümü
- 3 su bardağı pişmiş inci arpa
- 2 yemek kaşığı taze düz maydanoz, ince doğranmış
- 2 yemek kaşığı kavrulmuş çam fıstığı
- ½ çay kaşığı deniz tuzu
- ½ çay kaşığı karabiber
- 15 ons (425 g) ezilmiş domates, suyuyla birlikte
- 1 yemek kaşığı elma sirkesi
- ½ su bardağı elma suyu

Başlıklar:

Yavaş pişiricinin ek parçasını 2 yemek kaşığı zeytinyağıyla fırçalayın. Lahanayı bir tencerede suyla 8 dakika haşlayın. Sudan çıkarın ve bir kenara koyun, ardından lahananın 16 yaprağını ayırın. Bir kenara koyarsın, görmezden gelirsin.

Kalan zeytinyağını yapışmaz bir tavaya dökün ve orta ateşte ısıtın. Soğanı tavaya ekleyin ve soğan ve dolmalık biber yumuşayana kadar pişirin. Soğanı bir kaseye aktarın.

Pişen soğanların olduğu kaseye beyaz peynir, kuş üzümü, arpa, maydanoz ve çam fıstıklarını ekleyip üzerine ¼ çay kaşığı tuz ve ¼ çay kaşığı karabiber serpin.

Lahana yapraklarını temiz bir çalışma yüzeyine yerleştirin. Karışımın 1/3 fincanını her tabağın ortasına dökün, ardından kenarını karışımın üzerine katlayın ve yuvarlayın. Lahana rulolarını dikiş tarafı aşağı bakacak şekilde yavaş tencereye yerleştirin.

Geri kalan malzemeleri ayrı bir kapta karıştırıp karışımı lahana rulolarının üzerine dökün. Yavaş pişiricinin kapağını kapatın ve YÜKSEK ayarda 2 saat pişirin. Lahana rulolarını yavaş pişiriciden çıkarın ve sıcak olarak servis yapın.

Beslenme (100 gram başına):383 kalori 14,7 gr yağ 12,9 gr karbonhidrat 10,7 gr protein 838 mg sodyum

Balzamik sırlı Brüksel lahanası

Hazırlama süresi: 15 dakika.

Pişirme süresi: 2 saat.

Porsiyon: 6

Zorluk seviyesi: orta

İçindekiler:

- Balzamik sır:
- 1 su bardağı balzamik sirke
- ¼ bardak bal
- 2 yemek kaşığı sızma zeytinyağı
- 2 pound (907 g) Brüksel lahanası, kesilmiş ve yarıya bölünmüş
- 2 bardak düşük sodyumlu sebze suyu
- 1 çay kaşığı deniz tuzu
- tatmak için taze çekilmiş karabiber
- ¼ su bardağı rendelenmiş parmesan peyniri
- ¼ bardak çam fıstığı

Başlıklar:

Balzamik sirkeyi hazırlayın: Balzamik sirkeyi ve balı bir tencerede karıştırın. İyice karıştırın. Orta-yüksek ateşte kaynamaya getirin. Isıyı en aza indirin ve 20 dakika veya sır yarıya inip kalınlaşana kadar pişirin. Yavaş pişiricinin içine biraz zeytinyağı dökün.

Brüksel lahanasını, sebze suyunu ve ½ çay kaşığı tuzu yavaş tencereye koyun, karıştırın. Yavaş pişiricinin kapağını kapatın ve

Brüksel lahanaları yumuşayana kadar 2 saat YÜKSEK ayarda pişirin.

Brüksel lahanalarını bir tabağa koyun ve üzerine baharat olarak kalan tuz ve karabiber serpin. Brüksel lahanalarını balzamik sırla fırçalayın, ardından Parmesan ve çam fıstığı ile servis yapın.

Beslenme (100 gram başına):270 kalori 10,6 gr yağ 6,9 gr karbonhidrat 8,7 gr protein 693 mg sodyum

Narenciye soslu ıspanak salatası

Hazırlama süresi: 10 dakika.

Yemek zamanı: 0 dakika

Porsiyon: 4

Zorluk seviyesi: Kolay

İçindekiler:

- Narenciye sosu:
- ¼ bardak sızma zeytinyağı
- 3 yemek kaşığı balzamik sirke
- ½ çay kaşığı taze limon kabuğu
- ½ çay kaşığı tuz
- Salata:
- 1 pound (454 g) bebek ıspanak, yıkanmış ve sapları çıkarılmış
- 1 büyük olgun domates, ¼ inçlik parçalar halinde kesilmiş
- 1 orta boy kırmızı soğan, ince dilimlenmiş

Başlıklar:

Narenciye sosunu hazırlayın: Zeytinyağı, balzamik sirke, limon kabuğu rendesi ve tuzu bir kasede iyice birleşene kadar çırpın.

Salatayı hazırlayın: Körpe ıspanakları, domatesleri ve soğanları ayrı bir salata kasesine koyun. Salatayı narenciye sosuyla karıştırın ve sebzeler iyice kaplanana kadar yavaşça karıştırın.

Beslenme (100 gram başına):173 kalori 14,2 gr yağ 4,2 gr karbonhidrat 4,1 gr protein 699 mg sodyum

Basit kereviz ve portakal salatası

Hazırlama süresi: 15 dakika.

Yemek zamanı: 0 dakika

Porsiyon: 6

Zorluk seviyesi: Kolay

İçindekiler:

- Salata:
- 3 kereviz sapı, yapraklar dahil, çapraz olarak ½ inç dilimler halinde kesilmiş
- ½ su bardağı yeşil zeytin
- ¼ bardak dilimlenmiş kırmızı soğan
- 2 büyük portakal, soyulmuş ve dilimlenmiş
- Bandaj:
- 1 yemek kaşığı sızma zeytinyağı
- 1 yemek kaşığı limon veya portakal suyu
- 1 yemek kaşığı zeytin salamurası
- ¼ çay kaşığı deniz veya koşer tuzu
- ¼ çay kaşığı taze çekilmiş karabiber

Başlıklar:

Salatanın hazırlanışı: Kereviz sapını, yeşil zeytini, soğanı ve portakalı sığ bir kaseye koyun. İyice karıştırın ve bekletin.

Sosun hazırlanışı: Zeytinyağı, limon suyu, zeytinyağı, tuz ve karabiberi iyice karıştırın.

Sosu salata kasesine dökün ve tamamen kaplanıncaya kadar hafifçe karıştırın.

Soğuk veya oda sıcaklığında servis yapın.

Beslenme (100 gram başına):24 kalori 1,2 gr yağ 1,2 gr karbonhidrat 1,1 gr protein 813 mg sodyum

kızarmış patlıcan rulosu

Hazırlama süresi: 20 dakika.

Yemek zamanı: 10 dakika

Porsiyon: 6

Zorluk seviyesi: orta

İçindekiler:

- 2 büyük patlıcan
- 1 çay kaşığı tuz
- 1 su bardağı rendelenmiş ricotta peyniri
- 4 ons (113 g) keçi peyniri, rendelenmiş
- ¼ bardak ince kıyılmış taze fesleğen
- ½ çay kaşığı taze çekilmiş karabiber
- zeytin yağı spreyi

Başlıklar:

Patlıcan dilimlerini bir süzgecin içine koyun ve tuzlayın. 15-20 dakika bekletin.

Ricotta ve keçi peyniri, fesleğen ve karabiberi geniş bir kasede birleştirin ve karıştırın. Bir kenara koyarsın, görmezden gelirsin. Patlıcan dilimlerini kağıt havluyla kurulayın ve hafifçe zeytinyağı püskürtün.

Büyük bir tavayı orta ateşte ısıtın ve hafifçe zeytinyağı püskürtün. Patlıcan dilimlerini tavaya dizin ve 3 dakikada her iki tarafı da altın rengi oluncaya kadar kızartın.

Kağıt havlu serili bir tabağa alıp ocaktan alın ve 5 dakika dinlendirin. Patlıcan rulolarını hazırlayın: Patlıcan dilimlerini düz bir çalışma yüzeyine yerleştirin ve her dilimin üzerine hazırlanan peynir karışımından bir çorba kaşığı ekleyin. Hemen toplayıp servis yapın.

Beslenme (100 gram başına):254 kalori 14,9 gr yağ 7,1 gr karbonhidrat 15,3 gr protein 612 mg sodyum

Izgara sebze ve kahverengi pirinç kasesi

Hazırlama süresi: 15 dakika.

Yemek zamanı: 20 dakika

Porsiyon: 4

Zorluk seviyesi: orta

İçindekiler:

- 2 su bardağı karnabahar çiçeği
- 2 su bardağı brokoli çiçeği
- 1 kutu (15 oz / 425 g) nohut
- 1 bardak havuç dilimleri (yaklaşık 1 inç kalınlığında)
- 2-3 yemek kaşığı bölünmüş sızma zeytinyağı
- Tatmak için tuz ve karabiber
- Yapışmaz sprey yağı
- 2 su bardağı pişmiş esmer pirinç
- 3 yemek kaşığı susam
- <u>Bandaj:</u>
- 3-4 yemek kaşığı tahin
- 2 yemek kaşığı bal
- 1 limonun suyu
- 1 diş kıyılmış sarımsak
- Tatmak için tuz ve karabiber

Başlıklar:

Fırını 205 C'ye hazırlayın. Yapışmaz pişirme spreyi ile iki fırın tepsisine püskürtün.

Birinci tepsiye karnabahar ve brokoliyi, ikinci tepsiye nohut ve havuç dilimlerini yerleştirin.

Her bir yufkayı zeytinyağının yarısını gezdirin ve üzerine tuz ve karabiber serpin. İyice kaplamak için atın.

Nohut ve havuç dilimlerini önceden ısıtılmış fırında 10 dakika kavurun, havuçları çıtır hale getirin, karnabahar ve brokoliyi 20 dakikada yumuşayana kadar pişirin. Pişirme süresinin yarısında bunları bir kez karıştırın.

Bu arada sosunu hazırlayın: Küçük bir kapta tahin, bal, limon suyu, sarımsak, tuz ve karabiberi karıştırın.

Pişmiş kahverengi pirinci dört kaseye bölün. Her kaseyi kavrulmuş sebzeler ve sosla eşit şekilde yayın. Servis yapmadan önce süslemek için üzerine susam serpin.

Beslenme (100 gram başına):453 kalori 17,8 gr yağ 11,2 gr karbonhidrat 12,1 gr protein 793 mg sodyum

Kıyılmış havuçlu karnabahar

Hazırlama süresi: 10 dakika.

Yemek zamanı: 10 dakika

Porsiyon: 4

Zorluk seviyesi: Kolay

İçindekiler:

- 3 yemek kaşığı sızma zeytinyağı
- 1 büyük soğan ince doğranmış
- 1 yemek kaşığı kıyılmış sarımsak
- 2 su bardağı doğranmış havuç
- 4 su bardağı karnabahar çiçeği
- ½ çay kaşığı öğütülmüş kimyon
- 1 çay kaşığı tuz

Başlıklar:

Zeytinyağını orta ateşte ısıtın. Soğanı ve sarımsağı karıştırıp 1 dakika kızartın. Havuçları ekleyin ve 3 dakika kızartın. Karnabahar çiçeklerini, kimyonu ve tuzu ekleyip karıştırın.

Kapağını kapatıp, hafifçe kızarana kadar 3 dakika pişirin. İyice karıştırın ve kapağı açık olarak 3-4 dakika yumuşayana kadar pişirin. Ateşten alın ve sıcak olarak servis yapın.

Beslenme (100 gram başına):158 kalori 10,8 gr yağ 5,1 gr karbonhidrat 3,1 gr protein 813 mg sodyum

Sarımsak ve nane ile kabak küpleri

Hazırlama süresi: 5 dakika.

Yemek zamanı: 10 dakika

Porsiyon: 4

Zorluk seviyesi: Kolay

İçindekiler:

- 3 adet büyük yeşil kabak
- 3 yemek kaşığı sızma zeytinyağı
- 1 büyük soğan ince doğranmış
- 3 diş sarımsak, ince doğranmış
- 1 çay kaşığı tuz
- 1 çay kaşığı kuru nane

Başlıklar:

Zeytinyağını büyük bir tavada orta ateşte ısıtın.

Soğanı ve sarımsağı karıştırın ve sürekli karıştırarak 3 dakika veya yumuşayana kadar soteleyin.

Kabak küplerini ve tuzu ekleyin ve 5 dakika veya kabaklar altın rengi kahverengi ve yumuşak oluncaya kadar pişirin.

Naneyi tavaya ekleyin, karıştırın ve 2 dakika daha pişirin. Sıcak servis yapın.

Beslenme (100 gram başına):146 kalori 10,6 gr yağ 3 gr karbonhidrat 4,2 gr protein 789 mg sodyum

Faro ile kabak ve enginar yemeği

Hazırlama süresi: 15 dakika.

Yemek zamanı: 10 dakika

Porsiyon: 6

Zorluk seviyesi: Kolay

İçindekiler:

- 1/3 su bardağı sızma zeytinyağı
- 1/3 su bardağı doğranmış kırmızı soğan
- ½ su bardağı doğranmış kırmızı dolmalık biber
- 2 diş sarımsak, ince doğranmış
- 1 su bardağı kabak, yarım santim kalınlığında dilimlenmiş
- ½ su bardağı iri doğranmış enginar
- ½ bardak konserve nohut, süzülmüş ve durulanmış
- 3 su bardağı pişmiş faro
- Tatmak için tuz ve karabiber
- Servis için ½ su bardağı ufalanmış beyaz peynir (isteğe bağlı)
- Servis için ¼ bardak dilimlenmiş zeytin (isteğe bağlı)
- Servis için 2 yemek kaşığı taze fesleğen, şifon (isteğe bağlı)
- Servis için 3 yemek kaşığı balzamik sirke (isteğe bağlı)

Başlıklar:

Büyük bir tavada zeytinyağını orta ateşte parıldayana kadar ısıtın.

Soğanı, dolmalık biberi ve sarımsağı karıştırın ve yumuşayana

kadar ara sıra karıştırarak 5 dakika pişirin.

Kabak dilimlerini, enginarları ve nohutları ekleyin ve hafifçe yumuşayana kadar yaklaşık 5 dakika pişirin. Pişmiş faroyu ekleyin ve iyice ısınana kadar karıştırın. Tuz ve karabiberle tatlandırın.

Karışımı kaselere paylaştırın. Her kaseye beyaz peynir, dilimlenmiş zeytin ve fesleğeni eşit şekilde yayın ve gerekirse balzamik sirke gezdirin.

Beslenme (100 gram başına):366 kalori 19,9 gr yağ 9 gr karbonhidrat 9,3 gr protein 819 mg sodyum

5 Kabak böreği için malzemeler

Hazırlama süresi: 15 dakika.

Yemek zamanı: 5 dakika

Porsiyon: 14

Zorluk seviyesi: orta

İçindekiler:

- 4 su bardağı rendelenmiş kabak
- Tatmak için tuz
- 2 büyük yumurta, hafifçe dövülmüş
- 1/3 bardak dilimlenmiş yeşil soğan
- 2/3 çok amaçlı un
- 1/8 çay kaşığı karabiber
- 2 yemek kaşığı zeytinyağı

Başlıklar:

Rendelenmiş kabakları bir süzgecin içine koyun ve hafifçe tuzlayın. 10 dakika bekletin. Rendelenmiş kabaktan mümkün olduğu kadar fazla sıvı alın.

Rendelenmiş kabakları bir kaseye dökün. Çırpılmış yumurtayı, taze soğanı, unu, tuzu ve karabiberi ekleyip iyice karıştırın.

Zeytinyağını büyük bir tavada orta ateşte ısıtın.

Her bir börek yapmak için sıcak tavaya 3 yemek kaşığı kabak karışımı ekleyin, hafifçe kaşıkla ve yaklaşık 2 inç aralıklarla ekleyin.

2-3 dakika pişirin. Kabak karışımını çevirin ve 2 dakika daha veya altın rengi kahverengi olana ve tamamen pişene kadar pişirin.

Kağıt havlularla kaplı bir tabağa ateşten alın. Kalan kabak karışımıyla tekrarlayın. Sıcak servis yapın.

Beslenme (100 gram başına):113 kalori 6,1 gr yağ 9 gr karbonhidrat 4 gr protein 793 mg sodyum

Fas tagine sebzeli

Hazırlama süresi: 20 dakika.

Yemek zamanı: 40 dakika

Porsiyon: 2

Zorluk seviyesi: orta

İçindekiler:

- 2 yemek kaşığı zeytinyağı
- ½ soğan, doğranmış
- 1 diş kıyılmış sarımsak
- 2 su bardağı karnabahar çiçeği
- 1 orta boy havuç, 1 inçlik parçalar haiinde kesilmiş
- 1 su bardağı doğranmış patlıcan
- 1 kutu bütün domates suyu
- 1 kutu (15 oz / 425 g) nohut
- 2 küçük kırmızı patates
- 1 bardak su
- 1 çay kaşığı saf akçaağaç şurubu
- ½ çay kaşığı tarçın
- ½ çay kaşığı zerdeçal
- 1 çay kaşığı kimyon
- ½ çay kaşığı tuz
- 1-2 çay kaşığı harissa ezmesi

Başlıklar:

Zeytinyağını bir tavada orta-yüksek ateşte ısıtın. Soğanı ara sıra karıştırarak veya soğan yarı saydam oluncaya kadar 5 dakika soteleyin.

Sarımsak, karnabahar çiçeği, havuç, patlıcan, domates ve patatesi ekleyin. Domatesleri tahta kaşıkla daha küçük parçalara bölün.

Nohut, su, akçaağaç şurubu, tarçın, zerdeçal, kimyon ve tuzu ekleyin ve birleştirmek için karıştırın. kaynamaya bırak

Hazır olduğunuzda ısıyı orta-düşük seviyeye indirin. Harissa ezmesini ekleyin, kapağını kapatın ve yaklaşık 40 dakika veya sebzeler yumuşayana kadar pişirin. Tadına bakın ve tadına göre baharatlayın. Servis yapmadan önce dinlenmeye bırakın.

Beslenme (100 gram başına):293 kalori 9,9 gr yağ 12,1 gr karbonhidrat 11,2 gr protein 811 mg sodyum

Nohut ve kerevizli salata sosu

Hazırlama süresi: 10 dakika.

Yemek zamanı: 0 dakika

Porsiyon: 4

Zorluk seviyesi: Kolay

İçindekiler:

- 1 kutu (15 oz/425 g) düşük sodyumlu nohut
- 1 sap kereviz, ince dilimlenmiş
- 2 yemek kaşığı doğranmış kırmızı soğan
- 2 yemek kaşığı tuzsuz tahin
- 3 yemek kaşığı hardal ve bal
- 1 yemek kaşığı kapari, süzülmemiş
- 12 adet tereyağlı marul yaprağı

Başlıklar:

Nohutları bir kapta patates eziciyle veya çatalın arkasıyla neredeyse pürüzsüz hale gelinceye kadar ezin. Kereviz, kırmızı soğan, tahin, hardal ve kapariyi kaseye ekleyin ve iyice birleşene kadar karıştırın.

Her porsiyon için, üst üste gelen üç marul yaprağını bir tabağa koyun ve humus dolgusunun ¼'ünü üstüne dökün ve ardından yuvarlayın. Diğer marul yaprakları ve nohut karışımıyla aynı işlemi tekrarlayın.

Beslenme (100 gram başına):182 kalori 7,1 gr yağ 3 gr karbonhidrat 10,3 gr protein 743 mg sodyum

Izgara sebze şişleri

Hazırlama süresi: 15 dakika.

Yemek zamanı: 10 dakika

Porsiyon: 4

Zorluk seviyesi: Kolay

İçindekiler:

- 4 orta boy kırmızı soğan, soyulmuş ve 6 dilime kesilmiş
- 4 orta boy kabak, 1 inç kalınlığında dilimler halinde kesilmiş
- 2 adet dana domates, dörde bölünmüş
- 4 adet kırmızı biber
- 2 adet turuncu biber
- 2 adet sarı dolmalık biber
- 2 yemek kaşığı artı 1 çay kaşığı zeytinyağı

Başlıklar:

Izgarayı orta-yüksek ısıya kadar önceden ısıtın. Sebzeleri dönüşümlü olarak kırmızı soğan, kabak, domates ve farklı renkli biberlerle delin. 2 yemek kaşığı zeytinyağı ile fırçalayın.

Izgara rendelerini 1 tatlı kaşığı zeytinyağıyla yağlayın ve sebze şişlerini 5 dakika ızgarada pişirin. Şişleri ters çevirin ve 5 dakika daha veya istediğiniz kıvama gelinceye kadar ızgarada pişirin. Servis yapmadan önce şişleri 5 dakika soğumaya bırakın.

Beslenme (100 gram başına):115 kalori 3 gr yağ 4,7 gr karbonhidrat 3,5 gr protein 647 mg sodyum

Domatesli Portobello mantarı dolması

Hazırlama süresi: 10 dakika.

Yemek zamanı: 15 dakika

Porsiyon: 4

Zorluk seviyesi: orta

İçindekiler:

- 4 adet büyük portobello mantarı kapağı
- 3 yemek kaşığı sızma zeytinyağı
- Tatmak için tuz ve karabiber
- 4 adet kurutulmuş domates
- 1 su bardağı rendelenmiş mozzarella peyniri, bölünmüş
- ½ ila ¾ bardak düşük sodyumlu domates sosu

Başlıklar:

Izgarayı yüksek ateşte önceden ısıtın. Mantar kapaklarını pişirme kağıdıyla kaplı bir fırın tepsisine yerleştirir ve üzerine zeytinyağı serpin. Tuz ve karabiber ekleyin. Mantar kapaklarını yarıya kadar çevirerek, üstü altın rengi kahverengi olana kadar 10 dakika ızgara yapın.

Izgaradan çıkarın. Her mantar kapağının üzerine 1 domates, 2 yemek kaşığı peynir ve 2-3 yemek kaşığı sos dökün. Mantar kapaklarını tekrar ızgaraya yerleştirin ve 2-3 dakika ızgaraya devam edin. Servis yapmadan önce 5 dakika soğumaya bırakın.

Beslenme (100 gram başına):217 kalori 15,8 gr yağ 9 gr karbonhidrat 11,2 gr protein 793 mg sodyum

Tatlı soğanlı solmuş karahindiba yaprakları

Hazırlama süresi: 15 dakika.

Yemek zamanı: 15 dakika

Porsiyon: 4

Zorluk seviyesi: Kolay

İçindekiler:

- 1 yemek kaşığı sızma zeytinyağı
- 2 diş sarımsak, ince doğranmış
- 1 Vidalia soğanı, ince dilimlenmiş
- ½ bardak düşük sodyumlu sebze suyu
- 2 demet karahindiba yaprağı, doğranmış
- tatmak için taze çekilmiş karabiber

Başlıklar:

Zeytinyağını büyük bir tavada kısık ateşte ısıtın. Sarımsak ve soğanı ekleyin ve ara sıra karıştırarak veya soğan yarı saydam oluncaya kadar 2-3 dakika pişirin.

Sebze suyunu ve karahindiba yeşilliklerini ekleyin ve sık sık karıştırarak yumuşayana kadar 5-7 dakika pişirin. Üzerine karabiber serpip sıcak tabakta servis yapın.

Beslenme (100 gram başına):81 kalori 3,9 gr yağ 4 gr karbonhidrat 3,2 gr protein 693 mg sodyum

Kereviz ve hardal yeşillikleri

Hazırlama süresi: 10 dakika.

Yemek zamanı: 15 dakika

Porsiyon: 4

Zorluk seviyesi: orta

İçindekiler:

- ½ bardak düşük sodyumlu sebze suyu
- 1 kereviz sapı, kabaca doğranmış
- ½ tatlı soğan ince doğranmış
- ½ büyük kırmızı dolmalık biber, ince dilimlenmiş
- 2 diş sarımsak, ince doğranmış
- 1 demet hardal yeşillikleri, doğranmış

Başlıklar:

Sebze suyunu büyük bir dökme demir tavaya dökün ve orta ateşte kaynatın. Kereviz, soğan, dolmalık biber ve sarımsak ekleyin. Yaklaşık 3-5 dakika kadar ağzı açık pişirin.

Hardal yeşilliklerini tavaya ekleyin ve iyice karıştırın. Isıyı azaltın ve sıvı buharlaşıncaya ve sebzeler yumuşayana kadar pişirin. Ateşten alın ve sıcak olarak servis yapın.

Beslenme (100 gram başına):39 kalori 3,1 gr protein 6,8 gr karbonhidrat 3 gr protein 736 mg sodyum

Sebze ve tofu ile çırpılmış yumurta

Hazırlama süresi: 5 dakika.

Yemek zamanı: 10 dakika

Porsiyon: 2

Zorluk seviyesi: Kolay

İçindekiler:

- 2 yemek kaşığı sızma zeytinyağı
- ½ kırmızı soğan, ince doğranmış
- 1 su bardağı kıyılmış lahana
- 8 ons (227 g) mantar, dilimlenmiş
- 8 ons (227 g) tofu, doğranmış
- 2 diş sarımsak, ince doğranmış
- 1 tutam kırmızı biber gevreği
- ½ çay kaşığı deniz tuzu
- 1/8 çay kaşığı taze çekilmiş karabiber

Başlıklar:

Zeytinyağını orta yapışmaz bir tavada orta-yüksek ateşte parıldayana kadar ısıtın. Tavaya soğanı, lahanayı ve mantarları ekleyin. Düzensiz olarak veya sebzeler kahverengileşene kadar pişirin ve karıştırın.

Tofu ekleyin ve yumuşayana kadar 3-4 dakika pişirin. Sarımsak, pul biber, tuz ve karabiberi ekleyip 30 saniye pişirin. Servis yapmadan önce dinlenmeye bırakın.

Beslenme (100 gram başına):233 kalori 15,9 gr yağ 2 gr karbonhidrat 13,4 gr protein 733 mg sodyum

basit zoodle'lar

Hazırlama süresi: 10 dakika.

Yemek zamanı: 5 dakika

Porsiyon: 2

Zorluk seviyesi: Kolay

İçindekiler:

- 2 yemek kaşığı avokado yağı
- 2 orta boy kabak, spiral şeklinde
- ¼ çay kaşığı tuz
- tatmak için taze çekilmiş karabiber

Başlıklar:

Avokado yağını büyük bir tavada orta ateşte parıldayana kadar ısıtın. Kabaklı erişteleri, tuzu ve karabiberi tavaya ekleyin ve kaplayın. Yumuşak oluncaya kadar sürekli karıştırarak pişirin. Sıcak servis yapın.

Beslenme (100 gram başına):128 kalori 14 gr yağ 0,3 gr karbonhidrat 0,3 gr protein 811 mg sodyum

Mercimek ve domates filizi sarmaları

Hazırlama süresi: 15 dakika.

Yemek zamanı: 0 dakika

Porsiyon: 4

Zorluk seviyesi: Kolay

İçindekiler:

- 2 su bardağı pişmiş mercimek
- 5 adet doğranmış Roma domatesi
- ½ su bardağı ufalanmış beyaz peynir
- İnce dilimlenmiş 10 büyük taze fesleğen yaprağı
- ¼ bardak sızma zeytinyağı
- 1 yemek kaşığı balzamik sirke
- 2 diş sarımsak, ince doğranmış
- ½ çay kaşığı çiğ bal
- ½ çay kaşığı tuz
- ¼ çay kaşığı taze çekilmiş karabiber
- 4 büyük lahana yaprağı, sapları çıkarılmış

Başlıklar:

Mercimek, domates, peynir, fesleğen yaprağı, zeytinyağı, sirke, sarımsak, bal, tuz ve karabiberi bir araya getirip iyice karıştırın.

Lahana yapraklarını düz bir çalışma yüzeyine koyun. Yaprakların kenarlarına eşit miktarda mercimek karışımından dökün. Rulo yapıp ikiye bölerek servis yapın.

Beslenme (100 gram başına):318 kalori 17,6 gr yağ 27,5 gr karbonhidrat 13,2 gr protein 800 mg sodyum

Akdeniz sebze tabağı

Hazırlama süresi: 10 dakika.

Yemek zamanı: 20 dakika

Porsiyon: 4

Zorluk seviyesi: orta

İçindekiler:

- 2 bardak su
- 1 su bardağı #3 bulgur veya kinoa, durulanmış
- 1½ çay kaşığı tuz, bölünmüş
- 1 pint (2 su bardağı) kiraz domates, yarıya bölünmüş
- 1 büyük dolmalık biber, doğranmış
- 1 büyük salatalık, doğranmış
- 1 su bardağı Kalamata zeytini
- ½ su bardağı taze sıkılmış limon suyu
- 1 su bardağı sızma zeytinyağı
- ½ çay kaşığı taze çekilmiş karabiber

Başlıklar:

Suyu orta boy bir tencerede, orta ateşte kaynatın. Bulguru (veya kinoayı) ve 1 çay kaşığı tuzu ekleyin. Kapağını kapatıp 15-20 dakika pişirin.

Sebzeleri 4 kaseye yerleştirmek için her kaseyi görsel olarak 5 parçaya bölün. Pişen bulguru tek parça halinde dizin. Ardından domates, biber, salatalık ve zeytin ekleyin.

Limon suyunu, zeytinyağını, kalan ½ çay kaşığı tuzu ve karabiberi karıştırın.

Sosu 4 kasenin üzerine eşit şekilde dökün. Hemen servis yapın veya üzerini kapatıp daha sonra kullanmak üzere buzdolabında saklayın.

Beslenme (100 gram başına):772 kalori 9 gr yağ 6 gr protein 41 gr karbonhidrat 944 mg sodyum

Kavrulmuş sebzeler ve humus sarma

Hazırlama süresi: 15 dakika.

Yemek zamanı: 10 dakika

Porsiyon: 6

Zorluk seviyesi: orta

İçindekiler:

- 1 büyük patlıcan
- 1 büyük soğan
- ½ su bardağı sızma zeytinyağı
- 1 çay kaşığı tuz
- 6 lavaş rulosu veya büyük pide ekmeği
- 1 bardak kremalı geleneksel humus

Başlıklar:

Bir ızgarayı, büyük ızgara tavasını veya hafifçe yağlanmış büyük tavayı orta ateşte ısıtın. Patlıcan ve soğanı halkalar halinde kesin. Sebzeleri zeytinyağıyla fırçalayın ve tuz serpin.

Sebzelerin her iki tarafını da yaklaşık 3-4 dakika kızartın. Sargıyı hazırlamak için lavaş veya pideyi yayın. Ambalajın içine yaklaşık 2 yemek kaşığı humus dökün.

Sebzeleri ambalajların bir tarafına eşit şekilde paylaştırın. Ambalajın kenarını sebzelerle dikkatlice katlayın, içeri sokun ve sıkı bir ambalaj yapın.

Sarma dikişini aşağı bakacak şekilde yatırın ve yarım veya üçe bölün.

Daha sonra tüketmek üzere şeklini korumak için her sandviçi plastik ambalajla da sarabilirsiniz.

Beslenme (100 gram başına):362 kalori 10 gr yağ 28 gr karbonhidrat 15 gr protein 736 mg sodyum

İspanyol yeşil fasulyesi

Hazırlama süresi: 10 dakika.

Yemek zamanı: 20 dakika

Porsiyon: 4

Zorluk seviyesi: Kolay

İçindekiler:

- ¼ bardak sızma zeytinyağı
- 1 büyük soğan ince doğranmış
- 4 diş ince kıyılmış sarımsak
- 1 pound yeşil fasulye, taze veya dondurulmuş, doğranmış
- 1½ çay kaşığı tuz, bölünmüş
- 1 kutu (15 oz.) doğranmış domates
- ½ çay kaşığı taze çekilmiş karabiber

Başlıklar:

Zeytinyağını, soğanı ve sarımsağı ısıtın; 1 dakika pişirin. Yeşil fasulyeleri 2 inçlik parçalar halinde kesin. Yeşil fasulyeleri ve 1 çay kaşığı tuzu tencereye ekleyin ve karıştırın; 3 dakika pişirin. Doğranmış domatesleri, kalan 1/2 çay kaşığı tuzu ve karabiberi ekleyin. Ara sıra karıştırarak 12 dakika daha pişirmeye devam edin. Sıcak servis yapın.

Beslenme (100 gram başına):200 kalori 12 gr yağ 18 gr karbonhidrat 4 gr protein 639 mg sodyum

Rustik Karnabahar ve Havuç Haşlaması

Hazırlama süresi: 10 dakika.

Yemek zamanı: 10 dakika

Porsiyon: 4

Zorluk seviyesi: Kolay

İçindekiler:

- 3 yemek kaşığı sızma zeytinyağı
- 1 büyük soğan ince doğranmış
- 1 yemek kaşığı kıyılmış sarımsak
- 2 su bardağı doğranmış havuç
- 4 su bardağı karnabahar parçaları, yıkanmış
- 1 çay kaşığı tuz
- ½ çay kaşığı öğütülmüş kimyon

Başlıklar:

Zeytinyağı, soğan, sarımsak ve havuçları 3 dakika pişirin. Karnabaharı 1 inçlik veya ısırık büyüklüğünde parçalar halinde kesin. Tavaya karnabaharı, tuzu ve kimyonu ekleyip havuç ve soğanla birlikte atın.

Kapağını kapatıp 3 dakika pişirin. Sebzeleri ekleyip 3-4 dakika daha pişirin. Sıcak servis yapın.

Beslenme (100 gram başına):159 kalori 17 gr yağ 15 gr karbonhidrat 3 gr protein 569 mg sodyum

Kavrulmuş karnabahar ve domates

Hazırlama süresi: 5 dakika.

Yemek zamanı: 25 dakika

Porsiyon: 4

Zorluk seviyesi: orta

İçindekiler:

- 4 bardak karnabahar, 1 inçlik parçalar halinde kesilmiş
- 6 yemek kaşığı sızma zeytinyağı, bölünmüş
- 1 çay kaşığı tuz, bölünmüş
- 4 su bardağı kiraz domates
- ½ çay kaşığı taze çekilmiş karabiber
- ½ su bardağı rendelenmiş parmesan peyniri

Başlıklar:

Fırını 425°F'ye önceden ısıtın. Büyük bir kaseye karnabaharı, 3 yemek kaşığı zeytinyağını ve ½ çay kaşığı tuzu ekleyin ve eşit şekilde kaplayacak şekilde fırlatın. Parşömen kaplı bir fırın tepsisine eşit bir tabaka halinde yerleştirin.

Başka bir büyük kaseye domatesleri, kalan 3 yemek kaşığı zeytinyağını ve ½ çay kaşığı tuzu ekleyin ve eşit şekilde kaplayın. Başka bir tepsiye dökün. Karnabaharı ve domates yapraklarını fırına koyun ve karnabahar hafifçe kızarıncaya ve domatesler dolgunlaşıncaya kadar 17-20 dakika kızartın.

Bir spatula kullanarak karnabaharı bir tabağa koyun ve üzerine domates, karabiber ve Parmesan peyniri ekleyin. Sıcak servis yapın.

Beslenme (100 gram başına):294 kalori 14 gr yağ 13 gr karbonhidrat 9 gr protein 493 mg sodyum

Kavrulmuş meşe palamudu kabak

Hazırlama süresi: 10 dakika.

Yemek zamanı: 35 dakika

Porsiyon: 6

Zorluk seviyesi: orta

İçindekiler:

- 2 kabak, orta ila büyük
- 2 yemek kaşığı sızma zeytinyağı
- 1 çay kaşığı tuz, ayrıca baharat için daha fazlası
- 5 yemek kaşığı tuzsuz tereyağı
- ¼ bardak kıyılmış adaçayı yaprağı
- 2 yemek kaşığı taze kekik yaprağı
- ½ çay kaşığı taze çekilmiş karabiber

Başlıklar:

Fırını önceden 400 F'ye ısıtın. Meşe palamudu kabaklarını uzunlamasına ikiye bölün. Tohumları kazıyın ve yatay olarak ¾ inç kalınlığında dilimler halinde dilimleyin. Büyük bir kapta kabakları zeytinyağıyla gezdirin, tuz serpin ve fırlatın.

Meşe palamudu kabaklarını bir fırın tepsisine yerleştirin. Fırın tepsisini fırına yerleştirin ve balkabağını 20 dakika pişirin. Balkabağını bir spatula ile çevirin ve 15 dakika daha pişirin.

Orta boy bir tencerede, orta ateşte tereyağını eritin. Eritilmiş tereyağına adaçayı ve kekiği ekleyip 30 saniye pişirin. Pişen kabak dilimlerini tabağa dizin. Tereyağı/bitki karışımını kabakların üzerine dökün. Tuz ve karabiber ile tatlandırın. Sıcak servis yapın.

Beslenme (100 gram başına):188 kalori 13 gr yağ 16 gr karbonhidrat 1 gr protein 836 mg sodyum

Sarımsaklı kavrulmuş ıspanak

Hazırlama süresi: 5 dakika.

Yemek zamanı: 10 dakika

Porsiyon: 4

Zorluk seviyesi: Kolay

İçindekiler:

- ¼ bardak sızma zeytinyağı
- 1 büyük kırmızı soğan, ince dilimlenmiş
- 3 diş sarımsak, ince doğranmış
- 6 torba (1 pound) bebek ıspanak, durulanmış
- ½ çay kaşığı tuz
- 1 limon dilimler halinde kesilmiş

Başlıklar:

Zeytinyağını, soğanı ve sarımsağı geniş bir tavada orta ateşte 2 dakika pişirin. Bir torba ıspanak ve ½ çay kaşığı tuz ekleyin. Tavayı kapatın ve ıspanakların 30 saniye soğumasını bekleyin. Her seferinde 1 torba ıspanak ekleyerek (tuzu atlayarak) tekrarlayın.

Ispanağın tamamı eklendikten sonra kapağı çıkarın ve nemin bir kısmının buharlaşması için 3 dakika pişirin. Üzerine limon kabuğu rendesi serperek sıcak servis yapın.

Beslenme (100 gram başına):301 kalori 12 gr yağ 29 gr karbonhidrat 17 gr protein 639 mg sodyum

Sarımsaklı Nane ile Kavrulmuş Kabak

Hazırlama süresi: 5 dakika.

Yemek zamanı: 10 dakika

Porsiyon: 4

Zorluk seviyesi: Kolay

İçindekiler:

- 3 adet büyük yeşil kabak
- 3 yemek kaşığı sızma zeytinyağı
- 1 büyük soğan ince doğranmış
- 3 diş sarımsak, ince doğranmış
- 1 çay kaşığı tuz
- 1 çay kaşığı kuru nane

Başlıklar:

Kabağı yarım santimlik küpler halinde kesin. Zeytinyağını, soğanı ve sarımsağı sürekli karıştırarak 3 dakika pişirin.

Kabağı ve tuzu tavaya ekleyip soğan ve sarımsakla karıştırıp 5 dakika pişirin. Tavaya naneyi ekleyip karıştırın. 2 dakika daha pişirin. Sıcak servis yapın.

Beslenme (100 gram başına):147 kalori 16 gr yağ 12 gr karbonhidrat 4 gr protein 723 mg sodyum

buğulanmış bamya

Hazırlama süresi: 55 dakika

Yemek zamanı: 25 dakika

Porsiyon: 4

Zorluk seviyesi: Kolay

İçindekiler:

- ¼ bardak sızma zeytinyağı
- 1 büyük soğan ince doğranmış
- 4 diş ince kıyılmış sarımsak
- 1 çay kaşığı tuz
- 1 pound taze veya dondurulmuş bamya, temizlenmiş
- 1 kutu (15 oz.) sade domates sosu
- 2 bardak su
- ½ bardak taze kişniş, doğranmış
- ½ çay kaşığı taze çekilmiş karabiber

Başlıklar:

Zeytinyağı, soğan, sarımsak ve tuzu karıştırıp 1 dakika pişirin. Bamyayı ekleyip 3 dakika pişirin.

Domates sosu, su, kişniş ve karabiberi ekleyin; karıştırın, örtün ve ara sıra karıştırarak 15 dakika pişirin. Sıcak servis yapın.

Beslenme (100 gram başına):201 kalori 6 gr yağ 18 gr karbonhidrat 4 gr protein 693 mg sodyum

Tatlı Sebzeli Biber Dolması

Hazırlama süresi: 20 dakika.

Yemek zamanı: 30 dakika

Porsiyon: 6

Zorluk seviyesi: orta

İçindekiler:

- 6 adet büyük biber (farklı renklerde)
- 3 yemek kaşığı sızma zeytinyağı
- 1 büyük soğan ince doğranmış
- 3 diş sarımsak, ince doğranmış
- 1 ince doğranmış havuç
- 1 kutu (16 oz.) nohut, durulanmış ve süzülmüş
- 3 su bardağı pişmiş pirinç
- 1½ çay kaşığı tuz
- ½ çay kaşığı taze çekilmiş karabiber

Başlıklar:

Fırını 350°F'ye önceden ısıtın. Dik durabilen biberleri seçmeye özen gösterin. Biberlerin kapaklarını kesin, çekirdeklerini çıkarın ve daha sonra kullanmak üzere saklayın. Biberleri fırın tepsisine dizin.

Zeytinyağını, soğanı, sarımsağı ve havucu 3 dakika ısıtın. Nohutları ekleyin. 3 dakika daha pişirin. Tavayı ocaktan alın ve pişen malzemeleri geniş bir kaseye dökün. Pirinç, tuz ve karabiber ekleyin; karıştırın.

Her bir biberi üstüne doldurun, ardından biber kapaklarını tekrar takın. Tepsiyi alüminyum folyo ile kaplayın ve 25 dakika pişirin. Folyoyu çıkarın ve 5 dakika daha pişirin. Sıcak servis yapın.

Beslenme (100 gram başına):301 kalori 15 gr yağ 50 gr karbonhidrat 8 gr protein 803 mg sodyum

Patlıcan Musakka

Hazırlama süresi: 55 dakika

Yemek zamanı: 40 dakika

Porsiyon: 6

Zorluk seviyesi: Zor

İçindekiler:

- 2 büyük patlıcan
- 2 çay kaşığı tuz, bölünmüş
- zeytin yağı spreyi
- ¼ bardak sızma zeytinyağı
- 2 büyük soğan, dilimlenmiş
- 10 diş sarımsak, dilimlenmiş
- 2 (15 ons) kutu doğranmış domates
- 1 kutu (16 oz.) nohut, durulanmış ve süzülmüş
- 1 çay kaşığı kurutulmuş kekik
- ½ çay kaşığı taze çekilmiş karabiber

Başlıklar:

Patlıcanı yatay olarak ¼ inç kalınlığında yuvarlak diskler halinde dilimleyin. Patlıcan dilimlerine 1 çay kaşığı tuz serpin ve 30 dakika boyunca bir kevgir içinde bekletin.

Fırını 450°F'ye önceden ısıtın. Patlıcan dilimlerini kağıt havluyla kurulayın ve her iki tarafına da zeytinyağı püskürtün veya hafifçe zeytinyağıyla fırçalayın.

Patlıcanı bir fırın tepsisine tek kat halinde yerleştirin. Fırına koyun ve 10 dakika pişirin. Daha sonra bir spatula kullanarak dilimleri ters çevirin ve 10 dakika daha pişirin.

Zeytinyağı, soğan, sarımsak ve kalan çay kaşığı tuzu soteleyin. Ara sıra karıştırarak 5 dakika pişirin. Domates, nohut, kekik ve karabiberi ekleyin. 12 dakika boyunca kısık ateşte, ara sıra karıştırarak pişirin.

Derin bir güveç kabına patlıcandan başlayıp sosa kadar katmanlamaya başlayın. Tüm malzemeler kullanılıncaya kadar tekrarlayın. Fırında 20 dakika pişirin. Fırından çıkarıp sıcak olarak servis yapın.

Beslenme (100 gram başına):262 kalori 11 gr yağ 35 gr karbonhidrat 8 gr protein 723 mg sodyum

Sebzeli üzüm yaprağı dolması

Hazırlama süresi: 50 dakika.

Yemek zamanı: 45 dakika

Porsiyon: 8

Zorluk seviyesi: orta

İçindekiler:

- 2 su bardağı beyaz pirinç, durulanmış
- 2 büyük domates, doğranmış
- 1 büyük soğan, ince doğranmış
- 1 yeşil soğan ince doğranmış
- 1 su bardağı taze İtalyan maydanozu, ince doğranmış
- 3 diş sarımsak, ince doğranmış
- 2½ çay kaşığı tuz
- ½ çay kaşığı taze çekilmiş karabiber
- 1 kavanoz (16 oz.) üzüm yaprağı
- 1 bardak limon suyu
- ½ su bardağı sızma zeytinyağı
- 4-6 bardak su

Başlıklar:

Pirinç, domates, soğan, yeşil soğan, maydanoz, sarımsak, tuz ve karabiberi karıştırın. Üzüm yapraklarını süzüp durulayın. Dibine bir kat asma yaprağı koyarak geniş bir tencere hazırlayın. Her yaprağı yatırın ve sapı kesin.

Her yaprağın altına 2 yemek kaşığı pirinç karışımı koyun. Yanları katlayın ve mümkün olduğunca sıkı bir şekilde sarın. Sarılmış üzüm yapraklarını, her bir sarma üzüm yaprağı sıralanacak şekilde kabın içine yerleştirin. Sarılmış üzüm yapraklarını katlamaya devam edin.

Limon suyunu ve zeytinyağını üzüm yapraklarının üzerine dikkatlice dökün ve üzüm yapraklarını 1 inç kaplayacak kadar su ekleyin. Üzüm yaprağının üzerine, tencerenin ağzından daha küçük, kalın bir tabağı baş aşağı gelecek şekilde yerleştirin. Tencerenin kapağını kapatın ve yaprakları orta-düşük ateşte 45 dakika pişirin. Servis yapmadan önce 20 dakika bekletin. Sıcak veya soğuk servis yapın.

Beslenme (100 gram başına):532 kalori 15 gr yağ 80 gr karbonhidrat 12 gr protein 904 mg sodyum

közlenmiş patlıcan rulosu

Hazırlama süresi: 30 dakika.

Yemek zamanı: 10 dakika

Porsiyon: 6

Zorluk seviyesi: orta

İçindekiler:

- 2 büyük patlıcan
- 1 çay kaşığı tuz
- 4 ons keçi peyniri
- 1 bardak ricotta
- ¼ bardak taze fesleğen, doğranmış
- ½ çay kaşığı taze çekilmiş karabiber
- zeytin yağı spreyi

Başlıklar:

Patlıcanın üst kısmını kesip uzunlamasına yarım santim kalınlığında dilimleyin. Dilimlere tuz serpin ve patlıcanı 15-20 dakika kevgir içinde bekletin.

Keçi peyniri, ricotta, fesleğen ve biberi çırpın. Izgarayı, ızgara tavasını veya hafif yağlanmış tavayı orta ateşte önceden ısıtın. Patlıcan dilimlerini kurulayın ve hafifçe zeytinyağı püskürtün. Patlıcanı ızgaraya, tavaya veya tavaya yerleştirin ve her iki tarafını da 3 dakika pişirin.

Patlıcanı ocaktan alın ve 5 dakika soğumaya bırakın. Rulo için, patlıcan dilimini düz bir şekilde yerleştirin, dilimin altına bir çorba kaşığı peynir karışımından dökün ve yuvarlayın. Hemen servis yapın veya servis yapana kadar buzdolabında saklayın.

Beslenme (100 gram başına):255 kalori 7 gr yağ 19 gr karbonhidrat 15 gr protein 793 mg sodyum

Çıtır kabaklı börek

Hazırlama süresi: 15 dakika.

Yemek zamanı: 20 dakika

Porsiyon: 6

Zorluk seviyesi: Kolay

İçindekiler:

- 2 adet büyük yeşil kabak
- 2 yemek kaşığı İtalyan maydanozu, ince doğranmış
- 3 diş sarımsak, ince doğranmış
- 1 çay kaşığı tuz
- 1 su bardağı un
- 1 büyük yumurta, dövülmüş
- ½ bardak su
- 1 çay kaşığı kabartma tozu
- 3 su bardağı bitkisel veya avokado yağı

Başlıklar:

Kabağı geniş bir kaseye rendeleyin. Kaseye maydanoz, sarımsak, tuz, un, yumurta, su ve kabartma tozunu ekleyip karıştırın. Büyük bir tencerede veya fritözde yağı orta ateşte 365°F'ye ısıtın.

Kızaran hamurları birer kaşık olacak şekilde kızgın yağa bırakın. Delikli bir kaşık kullanarak börekleri çevirin ve 2-3 dakika içinde altın rengi kahverengi olana kadar pişirin. Patatesleri yağdan boşaltın ve kağıt havluyla kaplı bir tabağa koyun. Kremalı tzatziki veya kremalı geleneksel humusla sos olarak sıcak servis yapın.

Beslenme (100 gram başına):446 kalori 2 gr yağ 19 gr karbonhidrat 5 gr protein 812 mg sodyum

peynirli ıspanaklı kek

Hazırlama süresi: 20 dakika.

Yemek zamanı: 40 dakika

Porsiyon: 8

Zorluk seviyesi: Zor

İçindekiler:

- 2 yemek kaşığı sızma zeytinyağı
- 1 büyük soğan ince doğranmış
- 2 diş sarımsak, ince doğranmış
- 3 torba (1 pound) bebek ıspanak, durulanmış
- 1 su bardağı beyaz peynir
- 1 büyük yumurta, dövülmüş
- puf böreği sayfaları

Başlıklar:

Fırını 375°F'ye önceden ısıtın. Zeytinyağını, soğanı ve sarımsağı 3 dakika ısıtın. Ispanakları teker teker tavaya ekleyin ve her poşetin arasında solması sağlayın. Cımbızla karıştırın. 4 dakika pişirin. Ispanak piştikten sonra tavadaki fazla sıvıyı sıkın.

Geniş bir kapta beyaz peyniri, yumurtayı ve pişmiş ıspanağı karıştırın. Milföy hamurunu çalışma yüzeyine yerleştirin. Hamuru 3 inçlik karelere kesin. Milföy hamurlarının ortasına bir yemek kaşığı ıspanaklı karışımdan koyun. Bir üçgen oluşturmak için karenin bir köşesini çapraz köşeye doğru katlayın. Kekin kenarlarını çatalın uçlarıyla birbirine bastırın. Tüm kareler dolana kadar işlemi tekrarlayın.

Kekleri parşömen kağıdıyla kaplı bir fırın tepsisine yerleştirin ve 25-30 dakika veya altın rengi kahverengi olana kadar pişirin. Sıcak veya oda sıcaklığında servis yapın.

Beslenme (100 gram başına):503 kalori 6 gr yağ 38 gr karbonhidrat 16 gr protein 836 mg sodyum

salatalık ısırıkları

Hazırlama süresi: 5 dakika.

Yemek zamanı: 0 dakika

Porsiyon: 12

Zorluk seviyesi: Kolay

İçindekiler:

- 1 dilimlenmiş salatalık
- 8 dilim tam buğday ekmeği
- 2 yemek kaşığı krem peynir, yumuşak
- 1 yemek kaşığı doğranmış frenk soğanı
- ¼ bardak avokado, soyulmuş, çekirdeği çıkarılmış ve püre haline getirilmiş
- 1 çay kaşığı hardal
- Tatmak için tuz ve karabiber

Başlıklar:

Püreyi avokadoyu her ekmek diliminin üzerine sürün, salatalık dilimleri hariç geri kalan malzemeleri yayın.

Salatalık dilimlerini ekmek dilimlerinin arasına paylaştırın, her dilimi üçe bölün, bir tabağa dizin ve meze olarak servis yapın.

Beslenme (100 gram başına):187 kalori 12,4 gr yağ 4,5 gr karbonhidrat 8,2 gr protein 736 mg sodyum

yoğurt sosu

Hazırlama süresi: 10 dakika.

Yemek zamanı: 0 dakika

Porsiyon: 6

Zorluk seviyesi: Kolay

İçindekiler:

- 2 bardak Yunan yoğurdu
- 2 yemek kaşığı kızarmış ve doğranmış fıstık
- Bir tutam tuz ve beyaz biber.
- 2 yemek kaşığı toz nane
- 1 yemek kaşığı kalamata zeytini çekirdekleri çıkarılmış ve doğranmış
- ¼ bardak terbiyeli zaatar
- ¼ bardak nar taneleri
- 1/3 su bardağı zeytinyağı

Başlıklar:

Yoğurdu, antep fıstığı ve diğer malzemelerle karıştırıp iyice karıştırın, küçük bardaklara paylaştırın ve yanında pide ile servis yapın.

Beslenme (100 gram başına):294 kalori 18 gr yağ 2 gr karbonhidrat 10 gr protein 593 mg sodyum

domatesli bruschetta

Hazırlama süresi: 10 dakika.

Yemek zamanı: 10 dakika

Porsiyon: 6

Zorluk seviyesi: Kolay

İçindekiler:

- 1 baget, dilimlenmiş
- 1/3 su bardağı doğranmış fesleğen
- 6 domates, doğranmış
- 2 diş sarımsak, ince doğranmış
- Bir tutam tuz ve karabiber.
- 1 çay kaşığı zeytinyağı
- 1 yemek kaşığı balzamik sirke
- ½ çay kaşığı sarımsak tozu
- pişirme spreyi

Başlıklar:

Baget dilimlerini parşömen kağıdıyla kaplı bir fırın tepsisine yerleştirin ve pişirme spreyi ile kaplayın. 400 derecede 10 dakika pişirin.

Domatesleri fesleğen ve diğer malzemelerle karıştırın, iyice karıştırın ve 10 dakika bekletin. Domates karışımını her baget diliminin arasına paylaştırın, bir tabağa koyun ve servis yapın.

Beslenme (100 gram başına):162 kalori 4 gr yağ 29 gr karbonhidrat 4 gr protein 736 mg sodyum

Zeytin ve peynirle doldurulmuş domates

Hazırlama süresi: 10 dakika.

Yemek zamanı: 0 dakika

Porsiyon: 24

Zorluk seviyesi: Kolay

İçindekiler:

- 24 adet çeri domatesin üstünü kesip içini çıkarın
- 2 yemek kaşığı zeytinyağı
- ¼ çay kaşığı kırmızı biber gevreği
- ½ su bardağı beyaz peynir, ufalanmış
- 2 yemek kaşığı siyah zeytin ezmesi
- ¼ bardak nane, yırtılmış

Başlıklar:

Bir kapta zeytin ezmesini kiraz domates dışındaki diğer malzemelerle karıştırıp iyice karıştırın. Kiraz domateslerin içini bu karışımla doldurup bir kaseye koyun ve meze olarak servis yapın.

Beslenme (100 gram başına):136 kalori 8,6 gr yağ 5,6 gr karbonhidrat 5,1 gr protein 648 mg sodyum

biber kaseti

Hazırlama süresi: 10 dakika.

Yemek zamanı: 0 dakika

Porsiyon: 4

Zorluk seviyesi: Kolay

İçindekiler:

- 7 ons kavrulmuş kırmızı dolmalık biber, doğranmış
- ½ su bardağı rendelenmiş parmesan
- 1/3 su bardağı kıyılmış maydanoz
- 14 ons konserve enginar, süzülmüş ve doğranmış
- 3 yemek kaşığı zeytinyağı
- ¼ bardak kapari, süzülmüş
- 1 ve ½ yemek kaşığı limon suyu
- 2 diş sarımsak, ince doğranmış

Başlıklar:

Bir karıştırıcıda kırmızı biberi Parmesan ve diğer malzemelerle birleştirin ve iyice nabız atın. Bardaklara paylaştırıp atıştırmalık olarak servis yapın.

Beslenme (100 gram başına):200 kalori 5,6 gr yağ 12,4 gr karbonhidrat 4,6 gr protein 736 mg sodyum

kişniş falafel

Hazırlama süresi: 10 dakika.

Yemek zamanı: 10 dakika

Porsiyon: 8

Zorluk seviyesi: Kolay

İçindekiler:

- 1 su bardağı konserve nohut
- 1 demet maydanoz yaprağı
- 1 sarı soğan ince doğranmış
- 5 diş kıyılmış sarımsak
- 1 çay kaşığı öğütülmüş kişniş
- Bir tutam tuz ve karabiber.
- ¼ çay kaşığı acı biber
- ¼ çay kaşığı karbonat
- ¼ çay kaşığı kimyon tozu
- 1 çay kaşığı limon suyu.
- 3 yemek kaşığı tapyoka unu
- kızartmak için zeytinyağı

Başlıklar:

Bir mutfak robotunda fasulyeleri maydanoz, soğan ve yağ ve un hariç diğer tüm malzemelerle birleştirin ve iyice karıştırın. Karışımı bir kaseye dökün, unu ekleyin, iyice karıştırın, bu karışımdan 16 küçük top oluşturun ve hafifçe düzleştirin.

Tavayı orta-yüksek ateşte ısıtın, falafel yarımlarını ekleyin, her iki tarafını da 5 dakika pişirin, kağıt havluların üzerine koyun, fazla yağını boşaltın, bir tabağa koyun ve meze olarak servis yapın.

Beslenme (100 gram başına):122 kalori 6,2 gr yağ 12,3 gr karbonhidrat 3,1 gr protein 699 mg sodyum

kırmızı biberli humus

Hazırlama süresi: 10 dakika.

Yemek zamanı: 0 dakika

Porsiyon: 6

Zorluk seviyesi: Kolay

İçindekiler:

- 6 ons kavrulmuş kırmızı biber, soyulmuş ve doğranmış
- 16 ons konserve nohut, süzülmüş ve durulanmış
- ¼ fincan Yunan yoğurdu
- 3 yemek kaşığı tahin ezmesi
- 1 limonun suyu
- 3 diş sarımsak, ince doğranmış
- 1 yemek kaşığı zeytinyağı
- Bir tutam tuz ve karabiber.
- 1 yemek kaşığı kıyılmış maydanoz

Başlıklar:

Bir mutfak robotunda kırmızı biberi, yağ ve maydanoz dışındaki diğer malzemelerle birleştirin ve iyice nabız atın. Yağı ekleyin, tekrar karıştırın, bardaklara bölün, üzerine maydanoz serpin ve yarım bez olarak servis yapın.

Beslenme (100 gram başına):255 kalori 11,4 gr yağ 17,4 gr karbonhidrat 6,5 gr protein 593 mg sodyum

beyaz fasulye sosu

Hazırlama süresi: 10 dakika.

Yemek zamanı: 0 dakika

Porsiyon: 4

Zorluk seviyesi: Kolay

İçindekiler:

- 15 ons konserve lacivert fasulye, süzülmüş ve durulanmış
- 6 ons konserve enginar kalbi, süzülmüş ve dörde bölünmüş
- 4 diş sarımsak, doğranmış
- 1 yemek kaşığı kıyılmış fesleğen
- 2 yemek kaşığı zeytinyağı
- ½ limon suyu
- ½ rendelenmiş limon kabuğu
- Tatmak için tuz ve karabiber

Başlıklar:

Mutfak robotunda fasulyeleri enginarlarla ve yağ ve baklagiller dışındaki diğer malzemelerle birleştirin. Yavaş yavaş yağı ekleyin, karışımı tekrar bastırın, bardaklara paylaştırın ve sos olarak servis edin.

Beslenme (100 gram başına):27 kalori 11,7 gr yağ 18,5 gr karbonhidrat 16,5 gr protein 668 mg sodyum

Kıyılmış kuzu eti ile humus

Hazırlama süresi: 10 dakika.

Yemek zamanı: 15 dakika

Porsiyon: 8

Zorluk seviyesi: Kolay

İçindekiler:

- 10 ons humus
- 12 oz kıyma kuzu
- ½ bardak nar taneleri
- ¼ bardak kıyılmış maydanoz
- 1 yemek kaşığı zeytinyağı
- Pide cipsi ile servis yapın

Başlıklar:

Tavayı orta-yüksek ateşte ısıtın, eti ekleyin ve sık sık karıştırarak 15 dakika pişirin. Humus'u bir tabağa yayın, üzerine kuzu kıyma serpin, üzerine nar taneleri ve maydanoz serpin ve pide cipsiyle birlikte atıştırmalık olarak servis yapın.

Beslenme (100 gram başına):133 kalori 9,7 gr yağ 6,4 gr karbonhidrat 5,4 gr protein 659 mg sodyum

patlıcan sosu

Hazırlama süresi: 10 dakika.

Yemek zamanı: 40 dakika

Porsiyon: 4

Zorluk seviyesi: Kolay

İçindekiler:

- 1 patlıcan, çatalla küçük parçalar halinde kesilmiş
- 2 yemek kaşığı tahin ezmesi
- 2 yemek kaşığı limon suyu
- 2 diş sarımsak, ince doğranmış
- 1 yemek kaşığı zeytinyağı
- Tatmak için tuz ve karabiber
- 1 yemek kaşığı kıyılmış maydanoz

Başlıklar:

Patlıcanı bir pişirme kabına yerleştirin, 400 F'de 40 dakika pişirin, soğutun, soyun ve mutfak robotuna aktarın. Maydanoz hariç diğer malzemeleri harmanlayıp iyice cilalayın, küçük kaselere paylaştırın ve üzerine maydanoz serperek meze olarak servis edin.

Beslenme (100 gram başına):121 kalori 4,3 gr yağ 1,4 gr karbonhidrat 4,3 gr protein 639 mg sodyum

Sebze kızartması

Hazırlama süresi: 10 dakika.

Yemek zamanı: 10 dakika

Porsiyon: 8

Zorluk seviyesi: Kolay

İçindekiler:

- 2 diş sarımsak, ince doğranmış
- 2 sarı soğan ince doğranmış
- 4 adet ince doğranmış taze soğan
- 2 rendelenmiş havuç
- 2 çay kaşığı öğütülmüş kimyon
- ½ çay kaşığı zerdeçal tozu
- Tatmak için tuz ve karabiber
- ¼ çay kaşığı öğütülmüş kişniş
- 2 yemek kaşığı kıyılmış maydanoz
- ¼ çay kaşığı limon suyu
- ½ su bardağı badem unu
- 2 pancar, soyulmuş ve rendelenmiş
- 2 çırpılmış yumurta
- ¼ bardak tapyoka unu
- 3 yemek kaşığı zeytinyağı

Başlıklar:

Bir kapta sarımsakları soğan, taze soğan ve yağ hariç diğer malzemelerle karıştırın, iyice karıştırın ve bu karışımla orta boy küpler oluşturun.

Tavayı orta-yüksek ateşte ısıtın, üzerine börekleri yerleştirin, her iki tarafını da 5 dakika pişirin, bir kaseye koyun ve servis yapın.

Beslenme (100 gram başına):209 kalori 11,2 gr yağ 4,4 gr karbonhidrat 4,8 gr protein 726 mg sodyum

Bulgurlu kuzu köfte

Hazırlama süresi: 10 dakika.

Yemek zamanı: 15 dakika

Porsiyon: 6

Zorluk seviyesi: Kolay

İçindekiler:

- 1 ve ½ su bardağı Yunan yoğurdu
- ½ çay kaşığı kimyon, öğütülmüş
- 1 bardak salatalık, rendelenmiş
- ½ çay kaşığı kıyılmış sarımsak
- Bir tutam tuz ve karabiber.
- 1 su bardağı bulgur
- 2 bardak su
- 1 kilo kuzu eti, kıyılmış
- ¼ bardak kıyılmış maydanoz
- ¼ bardak doğranmış arpacık soğanı
- ½ çay kaşığı yenibahar, öğütülmüş
- ½ çay kaşığı öğütülmüş tarçın
- 1 yemek kaşığı zeytinyağı

Başlıklar:

Bulguru suyla karıştırıp kabın kapağını kapatın, 10 dakika bekletin, süzün ve bir kaseye dökün. Eti, yoğurdu ve yağ hariç diğer malzemeleri ekleyip iyice karıştırın ve bu karışımdan orta boy köfteler oluşturun. Tavayı orta-yüksek ateşte ısıtın, köfteleri üstüne koyun, her iki tarafını da 7 dakika pişirin, bir kaseye koyun ve meze olarak servis yapın.

Beslenme (100 gram başına):300 kalori 9,6 gr yağ 22,6 gr karbonhidrat 6,6 gr protein 644 mg sodyum

salatalık ısırıkları

Hazırlama süresi: 10 dakika.

Yemek zamanı: 0 dakika

Porsiyon: 12

Zorluk seviyesi: Kolay

İçindekiler:

- 1 İngiliz salatalığı, 32 dilime kesilmiş
- 10 ons humus
- 16 adet kiraz domates, ikiye bölünmüş
- 1 yemek kaşığı kıyılmış maydanoz
- 1 ons beyaz peynir, ufalanmış

Başlıklar:

Her salatalık dairesine humus sürün, her birine domates yarımlarını bölün, üzerine peynir ve maydanoz serpin ve meze olarak servis yapın.

Beslenme (100 gram başına):162 kalori 3,4 gr yağ 6,4 gr karbonhidrat 2,4 gr protein 702 mg sodyum

Avokado dolması

Hazırlama süresi: 10 dakika.

Yemek zamanı: 0 dakika

Porsiyon: 2

Zorluk seviyesi: Kolay

İçindekiler:

- 1 avokado ikiye kesilmiş ve çekirdeği çıkarılmış
- 10 oz konserve ton balığı, süzülmüş
- 2 yemek kaşığı güneşte kurutulmuş comates, doğranmış
- 1 ve ½ yemek kaşığı fesleğen pesto
- 2 yemek kaşığı siyah zeytin, çekirdekleri çıkarılmış ve doğranmış
- Tatmak için tuz ve karabiber
- 2 çay kaşığı kavrulmuş ve doğranmış çam fıstığı
- 1 yemek kaşığı kıyılmış fesleğen

Başlıklar:

Ton balığını güneşte kurutulmuş domates ve avokado dışındaki diğer malzemelerle karıştırıp karıştırın. Avokadonun yarısını ton balığı karışımıyla doldurun ve meze olarak servis yapın.

Beslenme (100 gram başına):233 kalori 9 gr yağ 11,4 gr karbonhidrat 5,6 gr protein 735 mg sodyum

paketlenmiş erik

Hazırlama süresi: 5 dakika.

Yemek zamanı: 0 dakika

Porsiyon: 8

Zorluk seviyesi: Kolay

İçindekiler:

- 2 ons prosciutto, 16 parçaya bölünmüş
- 4 erik dörde bölünmüş
- 1 yemek kaşığı doğranmış frenk soğanı
- Bir tutam öğütülmüş kırmızı biber gevreği

Başlıklar:

Her bir erik çeyreğini jambon dilimine sarın, bir tabağa koyun, üzerine yeşil soğan ve kırmızı pul biber serpin ve servis yapın.

Beslenme (100 gram başına):30 kalori 1 gr yağ 4 gr karbonhidrat 2 gr protein 439 mg sodyum

Marine edilmiş beyaz peynir ve enginar

Hazırlanma zamanı: 10 dakika artı 4 saat hareketsizlik

Yemek zamanı: 10 dakika

Porsiyon: 2

Zorluk seviyesi: Kolay

İçindekiler:

- 4 ons geleneksel Yunan beyaz peyniri, ½ inç küpler halinde kesilmiş
- 4 ons süzülmüş enginar kalbi, uzunlamasına dörde bölünmüş
- 1/3 su bardağı sızma zeytinyağı
- 1 limonun kabuğu rendesi ve suyu
- 2 yemek kaşığı iri kıyılmış taze biberiye
- 2 yemek kaşığı kıyılmış taze maydanoz
- ½ çay kaşığı karabiber

Başlıklar:

Beyaz peyniri ve enginar kalbini cam bir kasede karıştırın. Zeytinyağı, limon kabuğu rendesi ve suyu, biberiye, maydanoz ve karabiberi ekleyin ve beyaz peynirin ufalanmamasına dikkat ederek yavaşça karıştırın.

4 saat veya 4 güne kadar buzdolabında saklayın. Servis yapmadan 30 dakika önce buzdolabından çıkarın.

Beslenme (100 gram başına):235 kalori 23 gr yağ 1 gr karbonhidrat 4 gr protein 714 mg sodyum

Ton balıklı kroket

Hazırlanma zamanı: 40 dakika artı soğuma için gece boyunca saatler

Yemek zamanı: 25 dakika

Porsiyon: 36

Zorluk seviyesi: Zor

İçindekiler:

- 6 yemek kaşığı sızma zeytinyağı, artı 1-2 bardak
- 5 yemek kaşığı badem unu ve 1 su bardağı bölünmüş
- 1¼ bardak ağır krema
- 1 kutu (4 oz.) zeytinyağına sarılmış sarı yüzgeçli ton balığı
- 1 yemek kaşığı doğranmış kırmızı soğan
- 2 çay kaşığı doğranmış kapari
- ½ çay kaşığı kurutulmuş dereotu
- ¼ çay kaşığı taze çekilmiş karabiber
- 2 büyük yumurta
- 1 bardak panko ekmek kırıntısı (veya glutensiz versiyonu)

Başlıklar:

6 yemek kaşığı zeytinyağını büyük bir tavada orta-düşük ateşte ısıtın. 5 yemek kaşığı badem ununu ekleyin ve pürüzsüz bir macun oluşup un hafifçe kızarana kadar sürekli karıştırarak 2-3 dakika pişirin.

Isıyı orta-yüksek seviyeye getirin ve yavaş yavaş ağır kremayı ekleyerek, tamamen pürüzsüz ve kalın hale gelinceye kadar 4-5 dakika daha sürekli çırpın. Ton balığı, kırmızı soğan, kapari, dereotu ve biberi çıkarıp ekleyin.

Karışımı zeytinyağıyla iyice kaplanmış 8 inçlik kare bir pişirme kabına yerleştirin ve oda sıcaklığında bir kenara koyun. Sarın ve 4 saat veya geceye kadar buzdolabında saklayın. Kroketi şekillendirmek için üç kase düzenleyin. Yumurtaları birer birer çırpın. Diğerinde kalan badem ununu ekleyin. Üçüncüsünde panko'yu ekleyin. Bir tepsiyi pişirme kağıdıyla hizalayın.

Soğuk hazırlanan hamurdan bir yemek kaşığı unlu karışıma damlatılıp, yuvarlanır. Fazlasını silkeleyip elinizle oval şeklinde yuvarlayın.

Kroketi çırpılmış yumurtaya batırın, ardından pankoyla ince bir şekilde kaplayın. Yağlanmış tepsiye yerleştirin ve kalan hamurla aynı işlemi tekrarlayın.

Küçük bir tavada kalan 1-2 bardak zeytinyağını orta-yüksek ateşte ısıtın.

Yağ ısınınca kroketleri tavanın büyüklüğüne göre 3-4 defa kızartın, altın rengi olunca delikli kepçeyle çıkarın. Yanmayı önlemek için zaman zaman yağın sıcaklığını ayarlamanız gerekecektir. Hamur çok çabuk kızarırsa sıcaklığı düşürün.

Beslenme (100 gram başına):245 kalori 22 gr yağ 1 gr karbonhidrat 6 gr protein 801 mg sodyum

füme somon hamdite

Hazırlama süresi: 10 dakika.

Yemek zamanı: 15 dakika

Porsiyon: 4

Zorluk seviyesi: Kolay

İçindekiler:

- 6 ons füme yabani somon
- 2 yemek kaşığı kavrulmuş sarımsaklı aioli
- 1 yemek kaşığı Dijon hardalı
- 1 yemek kaşığı doğranmış frenk soğanı, sadece yeşil kısımları
- 2 çay kaşığı doğranmış kapari
- ½ çay kaşığı kurutulmuş dereotu
- 4 hindiba mızrağı veya marul kalbi
- ½ İngiliz salatalık, ¼ inç kalınlığında dilimlenmiş

Başlıklar:

Füme somonu büyük küpler halinde kesin ve küçük bir kaseye koyun. Aioli, Dijon, yeşil soğan, kapari ve dereotu ekleyin ve iyice karıştırın. Hindiba sapını ve salatalık dilimlerini bir çorba kaşığı füme somon karışımıyla fırçalayın ve soğuk yiyin.

Beslenme (100 gram başına):92 kalori 5 gr yağ 1 gr karbonhidrat 9 gr protein 714 mg sodyum

Narenciye ile marine edilmiş zeytin

Hazırlama süresi: 4 saat.

Yemek zamanı: 0 dakika

Porsiyon: 2

Zorluk seviyesi: Kolay

İçindekiler:

- 2 su bardağı çekirdekleri çıkarılmış karışık yeşil zeytin
- ¼ bardak kırmızı şarap sirkesi
- ¼ bardak sızma zeytinyağı
- 4 diş ince kıyılmış sarımsak
- 1 büyük portakalın kabuğu ve suyu
- 1 çay kaşığı kırmızı biber gevreği
- 2 adet defne yaprağı
- ½ çay kaşığı öğütülmüş kimyon
- ½ çay kaşığı öğütülmüş yenibahar

Başlıklar:

Zeytin, sirke, yağ, sarımsak, portakal kabuğu rendesi ve suyu, pul biber, defne yaprağı, kimyon ve yenibaharı ekleyip iyice karıştırın. Servis yapmadan önce zeytinlerin marine edilmesini ve tekrar karıştırılmasını sağlamak için üzerini örtün ve 4 saat veya bir haftaya kadar buzdolabında saklayın.

Beslenme (100 gram başına):133 kalori 14 gr yağ 2 gr karbonhidrat 1 gr protein 714 mg sodyum

Zeytin Tapenade hamsi

Hazırlanma zamanı: 1 saat 10 dakika

Yemek zamanı: 0 dakika

Porsiyon: 2

Zorluk seviyesi: orta

İçindekiler:

- 2 su bardağı çekirdekleri çıkarılmış Kalamata zeytini veya diğer siyah zeytin
- 2 adet ince doğranmış hamsi filetosu
- 2 çay kaşığı doğranmış kapari
- 1 diş sarımsak ince doğranmış
- 1 haşlanmış yumurta sarısı
- 1 çay kaşığı Dijon hardalı
- ¼ bardak sızma zeytinyağı
- Servis için yuvarlak, çok yönlü atıştırmalıklar veya sebzeler (isteğe bağlı)

Başlıklar:

Zeytinleri soğuk suyla yıkayıp iyice süzün. Süzülmüş zeytinleri, hamsiyi, kapariyi, sarımsağı, yumurta sarısını ve Dijon'u bir mutfak robotuna, blendere veya büyük sürahiye (çubuk blender kullanıyorsanız) yerleştirin. Sürekli olarak kalın bir macun oluşturun. Çalışırken yavaş yavaş zeytinyağını ekleyin.

Küçük bir kaseye koyun, üzerini kapatın ve lezzetlerin gelişmesi için en az 1 saat buzdolabında saklayın. Çok yönlü yuvarlak bir sandviçin üzerine tohumlu krakerlerle veya en sevdiğiniz çıtır sebzelerle servis yapın.

Beslenme (100 gram başına):179 kalori 19 gr yağ 2 gr karbonhidrat 2 gr protein 82 mg sodyum

Yunan acılı yumurta

Hazırlama süresi: 45 dakika.

Yemek zamanı: 15 dakika

Porsiyon: 4

Zorluk seviyesi: Kolay

İçindekiler:

- 4 büyük haşlanmış yumurta
- 2 yemek kaşığı kavrulmuş sarımsaklı aioli
- ½ su bardağı ince ufalanmış beyaz peynir
- 8 Kalamata zeytini çekirdekleri çıkarılmış ve doğranmış
- 2 yemek kaşığı doğranmış güneşte kurutulmuş domates
- 1 yemek kaşığı doğranmış kırmızı soğan
- ½ çay kaşığı kurutulmuş dereotu
- ¼ çay kaşığı taze çekilmiş karabiber

Başlıklar:

Haşlanmış yumurtaları uzunlamasına ikiye bölün, sarılarını çıkarın ve sarılarını orta boy bir kaseye koyun. Yumurta aklarının yarısını ayırıp bir kenara koyun. Sarısını çatalla iyice ezin. Aioli, beyaz peynir, zeytin, güneşte kurutulmuş domates, soğan, dereotu ve biberi ekleyip pürüzsüz ve kremsi bir kıvama gelinceye kadar karıştırın.

Dolguyu her yumurta beyazının yarısına dökün ve üstü kapalı olarak 30 dakika veya 24 saate kadar buzdolabında saklayın.

Beslenme (100 gram başına):147 kalori 11 gr yağ 6 gr karbonhidrat 9 gr protein 736 mg sodyum

La Mancha Bisküvileri

Hazırlanma zamanı: 1 saat 15 dakika

Yemek zamanı: 15 dakika

Porsiyon: 20

Zorluk seviyesi: Zor

İçindekiler:

- 4 yemek kaşığı tereyağı, oda sıcaklığında
- 1 su bardağı ince rendelenmiş Manchego peyniri
- 1 su bardağı badem unu
- 1 çay kaşığı tuz, bölünmüş
- ¼ çay kaşığı taze çekilmiş karabiber
- 1 büyük yumurta

Başlıklar:

Elektrikli bir karıştırıcı kullanarak tereyağını ve rendelenmiş peyniri iyice birleşene kadar çırpın. Badem ununu ½ çay kaşığı tuz ve karabiberle karıştırın. Badem unu karışımını yavaş yavaş peynire ekleyin ve hamur top haline gelinceye kadar sürekli karıştırın.

Bir parça parşömen veya plastik ambalajı yerleştirin ve yaklaşık 1,5 inç kalınlığında silindirik bir kütük halinde yuvarlayın. Sıkıca kapatın ve en az 1 saat dondurun. Fırını önceden 350° F'ye ısıtın. 2. fırın tepsisini parşömen kağıdı veya silikon fırın tepsisiyle sıralayın.

Çırpılmış yumurtayı hazırlamak için yumurtayı ve kalan ½ çay kaşığı tuzu karıştırın. Soğutulmuş hamuru yaklaşık ¼ inç kalınlığında küçük dilimler halinde kesin ve astarlı bir fırın tepsisine yerleştirin.

Bisküvilerin üstünü yumurtayla yağlayın ve bisküviler altın rengi kahverengi ve gevrek oluncaya kadar pişirin. Soğutmak için bir tel rafın üzerine yerleştirin.

Sıcak servis yapın veya tamamen soğumuşsa hava geçirmez bir kapta buzdolabında 1 haftaya kadar saklayın.

Beslenme (100 gram başına):243 kalori 23 gr yağ 1 gr karbonhidrat 8 gr protein 804 mg sodyum

Burrata Caprese Yığını

Hazırlama süresi: 5 dakika.

Yemek zamanı: 0 dakika

Porsiyon: 4

Zorluk seviyesi: Kolay

İçindekiler:

- 1 büyük organik domates, tercihen aile yadigarı
- ½ çay kaşığı tuz
- ¼ çay kaşığı taze çekilmiş karabiber
- 1 top (4 ons) burrata peyniri
- 8 adet ince dilimlenmiş taze fesleğen yaprağı
- 2 yemek kaşığı sızma zeytinyağı
- 1 yemek kaşığı kırmızı şarap veya balzamik sirke

Başlıklar:

Domatesleri 4 kalın dilime kesin, sert çekirdeğini çıkarın ve üzerine tuz ve karabiber serpin. Domatesleri baharatlı tarafı yukarı gelecek şekilde bir tabağa yerleştirin. Ayrı bir kenarlı tabakta burrata'yı 4 kalın dilime kesin ve her domates diliminin üzerine bir dilim yerleştirin. Her birinin üzerine fesleğenin dörtte birini koyun ve kenarlı tabaktan ayrılmış burrata kremasını kaşıkla koyun.

Üzerine zeytinyağı ve sirke gezdirdikten sonra çatal ve bıçakla servis yapın.

Beslenme (100 gram başına):153 kalori 13 gr yağ 1 gr karbonhidrat 7 gr protein 633 mg sodyum

Limonlu Sarımsaklı Aioli ile Kızarmış Kabak Ricotta

Hazırlanma zamanı: 10 dakika artı 20 dakika dinlenme

Yemek zamanı: 25 dakika

Porsiyon: 4

Zorluk seviyesi: Zor

İçindekiler:

- 1 büyük veya 2 küçük/orta boy kabak
- 1 çay kaşığı tuz, bölünmüş
- ½ bardak tam yağlı ricotta peyniri
- 2 taze soğan
- 1 büyük yumurta
- 2 diş sarımsak ince doğranmış
- 2 yemek kaşığı kıyılmış taze nane (isteğe bağlı)
- 2 çay kaşığı limon kabuğu
- ¼ çay kaşığı taze çekilmiş karabiber
- ½ su bardağı badem unu
- 1 çay kaşığı kabartma tozu
- 8 yemek kaşığı sızma zeytinyağı
- 8 yemek kaşığı kavrulmuş sarımsaklı aioli veya avokado yağı mayonezi

Başlıklar:

Rendelenmiş kabakları bir kevgir içine veya birkaç kat kağıt havlu üzerine koyun. Yarım çay kaşığı tuz serpin ve 10 dakika bekletin. Başka bir kağıt havlu tabakası kullanarak, fazla nemi serbest bırakmak için kabakları bastırın ve kurulayın. Süzülmüş kabak, ricotta, yeşil soğan, yumurta, sarımsak, nane (kullanılıyorsa), limon kabuğu rendesi, kalan ½ çay kaşığı tuz ve karabiberi karıştırın.

Badem unu ve kabartma tozunu köpürene kadar karıştırın. Unlu karışımı kabaklı karışıma ekleyip 10 dakika dinlenmeye bırakın. Börekleri geniş bir tavada dört seferde kızartın. Her dörtlü parti için 2 yemek kaşığı zeytinyağını orta-yüksek ateşte ısıtın. Çırpılmış yumurta başına 1 yığın çorba kaşığı kabak hamuru ekleyin ve 2 ila 3 inçlik çırpılmış yumurta oluşturmak için kaşığın arkasıyla bastırın. Çevirmeden önce üzerini kapatıp 2 dakika kızartın. Kapağı kapalı olarak 2-3 dakika daha veya gevrek, altın rengi kahverengi olana ve tamamen pişene kadar pişirin. Yanmayı önlemek için ısıyı orta dereceye düşürmeniz gerekebilir. Tavadan alıp sıcak tutun.

Her parti için 2 yemek kaşığı zeytinyağı kullanarak kalan üç parti için tekrarlayın. Börekleri aioli ile sıcak olarak servis edin.

Beslenme (100 gram başına):448 kalori 42 gr yağ 2 gr karbonhidrat 8 gr protein 744 mg sodyum

Somonla doldurulmuş salatalık

Hazırlama süresi: 10 dakika.

Yemek zamanı: 0 dakika

Porsiyon: 4

Zorluk seviyesi: Kolay

İçindekiler:

- 2 büyük salatalık, soyulmuş
- 1 kutu (4 oz.) sockeye somonu
- 1 adet çok olgun orta boy avokado
- 1 yemek kaşığı sızma zeytinyağı
- 1 limonun kabuğu rendesi ve suyu
- 3 yemek kaşığı doğranmış taze kişniş
- ½ çay kaşığı tuz
- ¼ çay kaşığı taze çekilmiş karabiber

Başlıklar:

Salatalığı 1 inç kalınlığında dilimler halinde kesin ve bir kaşık kullanarak her dilimin ortasındaki tohumları kazıyın ve bir tabağa yerleştirin. Orta boy bir kapta somonu, avokadoyu, zeytinyağını, limon kabuğu rendesini ve suyunu, kişnişi, tuzu ve karabiberi birleştirin ve krema kıvamına gelinceye kadar karıştırın.

Somon karışımını her salatalık bölümünün ortasına kaşıkla dökün ve soğuk olarak servis yapın.

Beslenme (100 gram başına):159 kalori 11 gr yağ 3 gr karbonhidrat 9 gr protein 739 mg sodyum

Keçi peyniri ve uskumru ezmesi

Hazırlama süresi: 10 dakika.

Yemek zamanı: 0 dakika

Porsiyon: 4

Zorluk seviyesi: Kolay

İçindekiler:

- Zeytinyağına sarılmış 4 oz yabani uskumru
- 2 ons keçi peyniri
- 1 limonun kabuğu rendesi ve suyu
- 2 yemek kaşığı kıyılmış taze maydanoz
- 2 yemek kaşığı doğranmış taze roka
- 1 yemek kaşığı sızma zeytinyağı
- 2 çay kaşığı doğranmış kapari
- 1-2 çay kaşığı taze yaban turpu (isteğe bağlı)
- Servis için kraker, dilimlenmiş salatalık, hindiba veya kereviz (isteğe bağlı)

Başlıklar:

Bir mutfak robotu, blender veya büyük bir kapta uskumru, keçi peyniri, limon kabuğu rendesi ve meyve suyu, maydanoz, roka, zeytinyağı, kapari ve yaban turpunu (kullanılıyorsa) birleştirin. Pürüzsüz ve kremsi olana kadar işleyin veya karıştırın.

Kraker, salatalık dilimleri, hindiba veya kereviz ile servis yapın. 1 haftaya kadar buzdolabında ağzı kapalı olarak saklayın.

Beslenme (100 gram başına):118 kalori 8 gr yağ 6 gr karbonhidrat 9 gr protein 639 mg sodyum

Akdeniz yağ bombalarının tadı

Hazırlanma zamanı: 4 saat 15 dakika

Yemek zamanı: 0 dakika

Porsiyon: 6

Zorluk seviyesi: orta

İçindekiler:

- 1 su bardağı ufalanmış keçi peyniri
- 4 yemek kaşığı kavanoz pesto
- 12 adet çekirdekleri çıkarılmış Kalamata zeytini, doğranmış
- ½ su bardağı ince kıyılmış ceviz
- 1 yemek kaşığı kıyılmış taze biberiye

Başlıklar:

Keçi peyniri, pesto ve zeytinleri orta boy bir kapta birleştirin ve çatalla iyice karıştırın. Sertleşmesi için 4 saat dondurun.

Ellerinizi kullanarak karışımı yaklaşık ¾ inç çapında 6 top haline getirin. Karışım yapışkan olacaktır.

Ceviz ve biberiyeyi küçük bir kaseye koyun ve keçi peyniri toplarını cevizli karışıma bulayıp kaplayın. Yağ bombalarını buzdolabında 1 haftaya kadar veya dondurucuda 1 aya kadar saklayın.

Beslenme (100 gram başına):166 kalori 15 gr yağ 1 gr karbonhidrat 5 gr protein 736 mg sodyum

Avokado Gazpacho

Hazırlama süresi: 15 dakika.

Yemek zamanı: 10 dakika

Porsiyon: 4

Zorluk seviyesi: Kolay

İçindekiler:

- 2 su bardağı doğranmış domates
- 2 büyük olgun avokado, yarıya bölünmüş ve çekirdekleri çıkarılmış
- 1 büyük salatalık, soyulmuş ve çekirdeği çıkarılmış
- 1 orta boy biber (kırmızı, turuncu veya sarı), ince doğranmış
- 1 bardak tam yağlı sade Yunan yoğurdu
- ¼ bardak sızma zeytinyağı
- ¼ bardak doğranmış taze kişniş
- ¼ bardak doğranmış yeşil soğan, sadece yeşil kısımları
- 2 yemek kaşığı kırmızı şarap sirkesi
- 2 limon veya 1 limonun suyu
- ½ ila 1 çay kaşığı tuz
- ¼ çay kaşığı taze çekilmiş karabiber

Başlıklar:

Bir blender kullanarak domates, avokado, salatalık, dolmalık biber, yoğurt, zeytinyağı, kişniş, yeşil soğan, sirke ve limon suyunu birleştirin. Pürüzsüz olana kadar karıştırın.

Tatları birleştirmek için baharatlayın ve karıştırın. Soğuk servis yapın.

Beslenme (100 gram başına):392 kalori 32 gr yağ 9 gr karbonhidrat 6 gr protein 694 mg sodyum

Yengeç keki salata bardakları

Hazırlama süresi: 35 dakika.

Yemek zamanı: 20 dakika

Porsiyon: 4

Zorluk seviyesi: orta

İçindekiler:

- 1 kilo dev yengeç
- 1 büyük yumurta
- 6 yemek kaşığı kavrulmuş sarımsaklı aioli
- 2 yemek kaşığı Dijon hardalı
- ½ su bardağı badem unu
- ¼ bardak doğranmış kırmızı soğan
- 2 çay kaşığı füme kırmızı biber
- 1 çay kaşığı kereviz tuzu
- 1 çay kaşığı sarımsak tozu
- 1 çay kaşığı kurutulmuş dereotu (isteğe bağlı)
- ½ çay kaşığı taze çekilmiş karabiber
- ¼ bardak sızma zeytinyağı
- 4 büyük Bibb marul yaprağı, kalın dikenleri çıkarılmış

Başlıklar:

Yengeç etini geniş bir kaseye koyun ve görünür kabukları çıkarın, ardından eti bir çatalla parçalayın. Küçük bir kapta yumurtayı, 2 yemek kaşığı aioli'yi ve Dijon hardalını karıştırın. Yengeç etine ekleyin ve bir çatalla karıştırın. Badem unu, kırmızı soğan, kırmızı biber, kereviz tuzu, sarımsak tozu, dereotu (kullanılıyorsa), karabiberi ekleyip iyice karıştırın. 10-15 dakika oda sıcaklığında bekletin.

Çapı yaklaşık 2 inç olan 8 küçük kek haline getirin. Zeytinyağını orta-yüksek ateşte ısıtın. Keklerin her tarafı 2-3 dakika, altın rengi kahverengi olana kadar pişirin. Kapağını kapatın, ısıyı en aza indirin ve 6-8 dakika daha veya ortasına yerleşene kadar pişirin. Tavadan çıkarın.

Servis yapmak için, her marul yaprağına 2 küçük yengeç keki sarın ve üzerine 1 çorba kaşığı aioli ekleyin.

Beslenme (100 gram başına):344 kalori 24 gr yağ 2 gr karbonhidrat 24 gr protein 804 mg sodyum

Tarhun portakallı tavuk salatası paketleme

Hazırlama süresi: 15 dakika.

Yemek zamanı: 0 dakika

Porsiyon: 4

Zorluk seviyesi: Kolay

İçindekiler:

- ½ bardak sade tam yağlı süt Yunan yoğurdu
- 2 yemek kaşığı Dijon hardalı
- 2 yemek kaşığı sızma zeytinyağı
- 2 yemek kaşığı taze tarhun
- ½ çay kaşığı tuz
- ¼ çay kaşığı taze çekilmiş karabiber
- 2 su bardağı pişmiş kıyılmış tavuk
- ½ su bardağı kıyılmış badem
- 4-8 büyük Bibb marul yaprağı, sapları çıkarılmış
- 2 küçük olgun avokado, soyulmuş ve ince dilimlenmiş
- 1 clementine veya ½ küçük portakal kabuğu (yaklaşık 1 yemek kaşığı)

Başlıklar:

Orta boy bir kapta yoğurt, hardal, zeytinyağı, tarhun, portakal kabuğu rendesi, tuz ve karabiberi birleştirin ve krema kıvamına gelinceye kadar karıştırın. Kıyılmış tavuk göğsü ve bademleri ekleyip kaplayın.

Sarmaları birleştirmek için, her marul yaprağının ortasına yaklaşık ½ fincan tavuklu salata karışımını koyun ve üzerine avokado dilimlerini ekleyin.

Beslenme (100 gram başına):440 kalori 32 gr yağ 8 gr karbonhidrat 26 gr protein 607 mg sodyum

Beyaz peynir ve kinoa ile doldurulmuş mantarlar

Hazırlama süresi: 5 dakika.

Yemek zamanı: 8 dakika

Porsiyon: 6

Zorluk seviyesi: orta

İçindekiler:

- 2 yemek kaşığı ince kıyılmış kırmızı dolmalık biber
- 1 diş kıyılmış sarımsak
- ¼ bardak pişmiş kinoa
- 1/8 çay kaşığı tuz
- ¼ çay kaşığı kurutulmuş kekik
- 24 mantar, saplı
- 2 ons beyaz peynir ufalanmış
- 3 yemek kaşığı tam tahıllı ekmek kırıntısı
- yemek pişirmek için zeytinyağı spreyi

Başlıklar:

Fırını 360°F'ye önceden ısıtın. Küçük bir kapta kırmızı biber, sarımsak, kinoa, tuz ve kekiği birleştirin. Kinoa dolgusunu mantar kapaklarının içine dolana kadar dökün. Her mantarın üzerine küçük bir parça beyaz peynir ekleyin. Her mantarın üzerine beyaz peynirin üzerine bir tutam ekmek kırıntısı serpin.

Hava fritöz sepetini pişirme spreyi ile hizalayın, ardından mantarları birbirlerine değmemelerine dikkat ederek dikkatlice sepete yerleştirin.

Sepeti fırına yerleştirin ve 8 dakika pişirin. Fırından çıkarıp servis yapın.

Beslenme (100 gram başına):97 kalori 4 gr yağ 11 gr karbonhidrat 7 gr protein 677 mg sodyum

Sarımsaklı yoğurt soslu 5 malzemeli falafel

Hazırlama süresi: 5 dakika.

Yemek zamanı: 15 dakika

Porsiyon: 4

Zorluk seviyesi: Zor

İçindekiler:

- <u>falafel için</u>
- 1 kutu (15 oz.) nohut, süzülmüş ve durulanmış
- ½ bardak taze maydanoz
- 2 diş sarımsak, ince doğranmış
- ½ yemek kaşığı öğütülmüş kimyon
- 1 yemek kaşığı tam buğday unu
- Tuz
- <u>Sarımsak ve yoğurt sosu için</u>
- 1 bardak yağsız doğal Yunan yoğurdu
- 1 diş kıyılmış sarımsak
- 1 yemek kaşığı doğranmış taze dereotu
- 2 yemek kaşığı limon suyu

Başlıklar:

Falafel yapmak için

Fırını 360°F'ye önceden ısıtın. Nohutları mutfak robotuna yerleştirin. Neredeyse öğütülene kadar çırpın, ardından maydanozu, sarımsağı ve kimyonu ekleyin ve malzemeler macun kıvamına gelinceye kadar bir dakika daha pişirin.

Unu ekleyin. Birleşene kadar birkaç kez daha vurun. Makarna kıvamında olacak ama nohutların küçük parçalara bölünmesi gerekiyor. Temiz ellerle, hamuru aynı büyüklükte 8 top haline getirin, ardından topları biraz aşağı doğru vurarak yarı kalın diskler haline getirin.

Air fritöz sepetini pişirme spreyi ile hizalayın, ardından falafel köftelerini birbirlerine değmemelerine dikkat ederek tek kat halinde sepete yerleştirin. 15 dakika kadar fırında pişirin.

Sarımsak ve yoğurt sosunu hazırlamak için

Yoğurt, sarımsak, dereotu ve limon suyunu karıştırın. Falafel hazır olduğunda ve her tarafı güzelce kızardığında fırından çıkarın ve tuzla tatlandırın. Daldırma sosunu sıcak tarafı yukarı gelecek şekilde servis edin.

Beslenme (100 gram başına):151 kalori 2 gr yağ 10 gr karbonhidrat 12 gr protein 698 mg sodyum

Sarımsaklı zeytinyağlı limonlu karides

Hazırlama süresi: 5 dakika

Yemek zamanı: 6 dakika

Porsiyon: 4

Zorluk seviyesi: orta

İçindekiler:

- 1 pound orta boy karides, temizlenmiş ve ayrılmış
- ¼ bardak artı 2 yemek kaşığı zeytinyağı, bölünmüş
- ½ limon suyu
- 3 diş sarımsak, kıyılmış ve bölünmüş
- ½ çay kaşığı tuz
- ¼ çay kaşığı kırmızı biber gevreği
- Servis için limon dilimleri (isteğe bağlı)
- Daldırma için Marinara sosu (isteğe bağlı)

Başlıklar:

Fırını 380°F'ye önceden ısıtın. Karidesleri 2 yemek kaşığı zeytinyağı, limon suyu, 1/3 kıyılmış sarımsak, tuz ve kırmızı pul biberle birlikte ekleyip üzerini iyice kapatın.

Küçük bir tencerede kalan ¼ bardak zeytinyağını ve kalan kıyılmış sarımsağı birleştirin. 12" x 12" (30 x 30 cm) boyutunda bir alüminyum folyo tabakasını yırtın. Karidesleri folyonun ortasına yerleştirin, sonra yanlarını katlayın ve üst kısmı açık bir folyo kasesi oluşturacak şekilde kenarlarını katlayın. Bu paketi pişirme sepetine yerleştirin.

Karidesleri 4 dakika ızgaralayın, ardından fritözü açın ve yağı ve sarımsaklı ramekinleri karides paketinin yanındaki sepete yerleştirin. 2 dakika daha pişirin. Karidesleri, daldırma için yanında sarımsaklı zeytinyağı bulunan bir tabağa veya tabağa koyun. İstenirse limon halkaları ve marinara sosuyla da servis edilebilir.

Beslenme (100 gram başına):264 kalori 21 gr yağ 10 gr karbonhidrat 16 gr protein 473 mg sodyum

Limonlu yoğurt soslu çıtır yeşil fasulye kızartması

Hazırlama süresi: 5 dakika.

Yemek zamanı: 5 dakika

Porsiyon: 4

Zorluk seviyesi: orta

İçindekiler:

- <u>Yeşil fasulye için</u>
- 1 yumurta
- 2 yemek kaşığı su
- 1 yemek kaşığı tam buğday unu
- ¼ çay kaşığı kırmızı biber
- ½ çay kaşığı sarımsak tozu
- ½ çay kaşığı tuz
- ¼ su bardağı tam buğdaylı ekmek kırıntısı
- ½ pound bütün yeşil fasulye
- <u>Limon ve yoğurt sosu için</u>
- ½ fincan yağsız sade Yunan yoğurdu
- 1 yemek kaşığı limon suyu
- ¼ çay kaşığı tuz
- 1/8 çay kaşığı acı biber

Başlık:

Yeşil fasulyeyi hazırlamak için

Fırını 380°F'ye önceden ısıtın.

Orta sığ bir kapta yumurtaları ve suyu köpürene kadar çırpın. Başka bir orta boy sığ kapta un, kırmızı biber, sarımsak tozu ve tuzu karıştırın, ardından ekmek kırıntılarını ekleyin.

Fırının tabanını pişirme spreyi ile kaplayın. Her bir yeşil fasulyeyi yumurta karışımına, ardından ekmek kırıntısı karışımına batırın ve dışını kırıntılarla kaplayın. Yeşil fasulyeleri hava fritöz sepetinin alt kısmına tek kat halinde yerleştirin.

Fırında 5 dakika veya ekmek kırıntıları altın rengi kahverengi olana kadar pişirin.

Limonlu yoğurt sosunu yapmak için

Yoğurt, limon suyu, tuz ve kırmızı biberi ekleyip karıştırın. Patates kızartmasını yeşil fasulye ve limonlu yoğurt sosuyla birlikte atıştırmalık veya meze olarak servis edin.

Beslenme (100 gram başına):88 kalori 2 gr yağ 10 gr karbonhidrat 7 gr protein 697 mg sodyum

Ev yapımı deniz tuzu pide cipsi

Hazırlama süresi: 2 dakika.

Yemek zamanı: 8 dakika

Porsiyon: 2

Zorluk seviyesi: Kolay

İçindekiler:

- 2 tam buğdaylı pide
- 1 yemek kaşığı zeytinyağı
- ½ çay kaşığı koşer tuzu

Başlıklar

Fritözü 360°F'ye önceden ısıtın. Her pideyi 8 dilime kesin. Orta boy bir kapta pide dilimlerini, zeytinyağını ve tuzu, dilimler kaplanıncaya ve zeytinyağı ile tuz eşit şekilde dağılıncaya kadar atın.

Pide dilimlerini hava fritözü sepetine eşit bir tabaka halinde yerleştirin ve 6-8 dakika pişirin.

Tadına göre ilave tuz ekleyin. Tek başına veya en sevdiğiniz sosla servis yapın.

Beslenme (100 gram başına):230 kalori 8 gr yağ 11 gr karbonhidrat 6 gr protein 810 mg sodyum

Kızarmış Spanakopita Sosu

Hazırlama süresi: 10 dakika.

Yemek zamanı: 15 dakika

Porsiyon: 2

Zorluk seviyesi: orta

İçindekiler:

- yemek pişirmek için zeytinyağı spreyi
- 3 yemek kaşığı zeytinyağı, bölünmüş
- 2 yemek kaşığı ince doğranmış beyaz soğan
- 2 diş sarımsak, ince doğranmış
- 4 su bardağı taze ıspanak
- 4 ons krem peynir, yumuşatılmış
- 4 ons beyaz peynir, bölünmüş
- 1 limon kabuğu rendesi ve
- ¼ çay kaşığı öğütülmüş hindistan cevizi
- 1 çay kaşığı kurutulmuş dereotu
- ½ çay kaşığı tuz
- Servis etmek için pide cipsi, havuç çubukları veya dilimlenmiş ekmek (isteğe bağlı)

Başlıklar:

Fritözü 360°F'ye önceden ısıtın. 6 inçlik tavanın içini pişirme spreyi ile kaplayın.

1 yemek kaşığı zeytinyağını büyük bir tavada orta ateşte ısıtın. Soğanı ekleyip 1 dakika pişirin. Sarımsakları ekleyin ve karıştırarak 1 dakika daha pişirin.

Isıyı azaltın ve ıspanağı ve suyu ekleyip karıştırın. Ispanaklar yumuşayıncaya kadar pişirin. Tavayı ocaktan alın. Orta boy bir kapta krem peyniri, 2 ons beyaz peyniri ve kalan zeytinyağını, limon kabuğu rendesini, hindistan cevizini, dereotu ve tuzu birleştirin. Kombine edilene kadar karıştırın.

Sebzeleri peynir tabanına ekleyin ve karıştırın. Sos karışımını hazırlanan tavaya dökün ve üzerine kalan 2 ons beyaz peynir ekleyin.

Sosu fritöz sepetine yerleştirin ve 10 dakika veya iyice ısınıp kabarcıklar oluşana kadar pişirin. Pide cipsi, havuç veya dilimlenmiş ekmek ile servis yapın.

Beslenme (100 gram başına):550 kalori 52 gr yağ 21 gr karbonhidrat 14 gr protein 723 mg sodyum

Kavrulmuş inci soğan sosu

Hazırlama süresi: 5 dakika.

Yemek zamanı: 12 dakika artı soğuma için 1 saat

Porsiyon: 4

Zorluk seviyesi: orta

İçindekiler:

- 2 su bardağı soyulmuş arpacık soğan
- 3 diş sarımsak
- 3 yemek kaşığı zeytinyağı, bölünmüş
- ½ çay kaşığı tuz
- 1 bardak yağsız doğal Yunan yoğurdu
- 1 yemek kaşığı limon suyu
- ¼ çay kaşığı karabiber
- 1/8 çay kaşığı kırmızı biber gevreği
- Servis için pide cipsi, sebze veya kızarmış ekmek (isteğe bağlı)

Başlıklar:

Fırını 360°F'ye önceden ısıtın. Büyük bir kapta arpacık soğanı ve sarımsağı 2 yemek kaşığı zeytinyağıyla soğanlar iyice kaplanana kadar karıştırın.

Sarımsak ve soğan karışımını hava fritözü sepetine dökün ve 12 dakika kızartın. Sarımsak ve soğanı mutfak robotuna yerleştirin. Soğan doğranana kadar sebzeleri birkaç kez çevirin, ancak hala birkaç parça kaldı.

Sarımsak ve soğanı, kalan yemek kaşığı zeytinyağını, tuzu, yoğurdu, limon suyunu, karabiberi ve pul biberi ekleyin. Pide cipsi, sebze veya kızarmış ekmekle servis yapmadan önce 1 saat soğutun.

Beslenme (100 gram başına):150 kalori 10 gr yağ 6 gr karbonhidrat 7 gr protein 693 mg sodyum

kırmızı biberli Tapenade

Hazırlama süresi: 5 dakika.

Yemek zamanı: 5 dakika

Porsiyon: 4

Zorluk seviyesi: orta

İçindekiler:

- 1 büyük kırmızı dolmalık biber
- 2 yemek kaşığı artı 1 çay kaşığı zeytinyağı
- ½ bardak Kalamata zeytini, çekirdekleri çıkarılmış ve doğranmış
- 1 diş kıyılmış sarımsak
- ½ çay kaşığı kurutulmuş kekik
- 1 yemek kaşığı limon suyu

Başlıklar:

Fırını 380°F'ye önceden ısıtın. Bütün kırmızı dolmalık biberin dış kısmına 1 çay kaşığı zeytinyağı sürün ve fritöz sepetine yerleştirin. 5 dakika ızgara yapın. Bu arada orta boy bir kapta kalan 2 yemek kaşığı zeytinyağını zeytin, sarımsak, kekik ve limon suyuyla karıştırın.

Kırmızı dolmalık biberi fırından çıkarın, ardından saplarını dikkatlice kesip çekirdeklerini çıkarın. Közlenmiş dolmalık biberi küçük parçalar halinde kesin.

Kırmızı dolmalık biberi zeytin karışımına ekleyin ve birleşene kadar karıştırın. Pide cipsi, kraker veya çıtır ekmek ile servis yapın.

Beslenme (100 gram başına):104 kalori 10 gr yağ 9 gr karbonhidrat 1 gr protein 644 mg sodyum

Zeytin ve beyaz peynirli Yunan patates kabuğu

Hazırlama süresi: 5 dakika.

Yemek zamanı: 45 dakika

Porsiyon: 4

Zorluk seviyesi: Zor

İçindekiler:

- 2 paslı patates
- 3 yemek kaşığı zeytinyağı
- 1 çay kaşığı koşer tuzu, bölünmüş
- ¼ çay kaşığı karabiber
- 2 yemek kaşığı taze kişniş
- ¼ bardak Kalamata zeytini, doğranmış
- ¼ bardak beyaz peynir, ufalanmış
- dekorasyon için doğranmış taze maydanoz (isteğe bağlı)

Başlıklar:

Fırını 380°F'ye önceden ısıtın. Patateslerin üzerine çatalla 2-3 delik açın, ardından üzerine ½ yemek kaşığı zeytinyağı ve ½ çay kaşığı tuz sürün.

Patatesleri hava fritöz sepetine koyun ve 30 dakika pişirin. Patatesleri fırından çıkarıp ikiye bölün. Bir kaşık kullanarak patateslerin etini kazıyın, kabuğun üzerinde yarım inçlik bir patates tabakası bırakın ve bir kenara koyun.

Orta boy bir kapta patateslerin yarısını kalan 2 yemek kaşığı zeytinyağı, ½ çay kaşığı tuz, karabiber ve kişnişle birlikte atın. İyice karıştırın. Patates dolgusunu zaten boş olan patates kabuklarının üzerine paylaştırın ve üzerlerine eşit şekilde yayın. Her patatesin üzerine bir çorba kaşığı zeytin ve beyaz peynir ekleyin.

Doldurulmuş patates kabuklarını tekrar fırına verin ve 15 dakika pişirin. İstenirse ilave kıyılmış kişniş veya maydanoz ve biraz zeytinyağı ile servis yapın.

Beslenme (100 gram başına):270 kalori 13 gr yağ 34 gr karbonhidrat 5 gr protein 672 mg sodyum

Enginarlı ve zeytinli pide gözleme

Hazırlama süresi: 5 dakika.

Yemek zamanı: 10 dakika

Porsiyon: 4

Zorluk seviyesi: Kolay

İçindekiler:

- 2 tam buğdaylı pide
- 2 yemek kaşığı zeytinyağı, bölünmüş
- 2 diş sarımsak, ince doğranmış
- ¼ çay kaşığı tuz
- ½ bardak konserve enginar kalbi, dilimlenmiş
- ¼ bardak Kalamata zeytini
- ¼ su bardağı rendelenmiş parmesan peyniri
- ¼ bardak beyaz peynir, ufalanmış
- dekorasyon için doğranmış taze maydanoz (isteğe bağlı)

Başlıklar:

Fırını 380°F'ye önceden ısıtın. Her pideyi 1 yemek kaşığı zeytinyağıyla fırçalayın, ardından üzerine kıyılmış sarımsak ve tuz serpin.

Enginar göbeği, zeytin ve peyniri iki pidenin arasına paylaştırıp havalı fırında 10 dakika pişirin. Servis yapmadan önce pideyi çıkarın ve 4 parçaya bölün. İstenirse üzerine maydanoz serpilir.

Beslenme (100 gram başına):243 kalori 15 gr yağ 10 gr karbonhidrat 7 gr protein 644 mg sodyum